査定医が教える
上手な告知書の書き方・診査の受け方

保険契約を早期に成立させるアドバイス

牧野 安博 [著]
YASUHIRO MAKINO, M.D., MBA
株式会社ASSUME 代表取締役

近代セールス社

はじめに

「保険は冒険から生まれた」

これは某大手損害保険会社のCMで流れていたコピーです。15世紀から17世紀まで続いた大航海時代には、ヨーロッパ人は植民地獲得のために航海に出ました。この頃にはすでに海上保険が成立していました。

航海はさまざまな危険（risk）を伴うのは周知の事実であり、これらの危険を回避するために、海上保険の前身である「冒険貸借」が12世紀頃に生まれました。この冒険貸借とは、船舶と積荷を担保とする金銭消費貸借です。担保したものが海難事故にあって失われれば、債務は免除されるという条件付債務であるため、元金に対する利息は高利だったと言われています。一説には、無事に終わった一航海について24〜36％とも…、いいですね。

シェイクスピアも「ベニスの商人」で、冒険貸借の話を扱っています。面白いことに主人公のアントニオは、次のように語っています。「すべての卵をひとつの籠に盛るな」と言われるように分散投資を心得ていたかのようです。

「わたしの投資が、船一艘にかかっているわけでもないし、ただ一つの場所にかかっているわけでもない。私の全財産だって、この一年の運不運だけでどうなるわけではない。だから、私の船荷のことで気が滅入っているんじゃない。（第一幕、第一景）」

さて、14世紀に地中海で交易をするイタリア北部の諸都市で、今日の海上保険が始まったと言われています。古くから地中海世界では、商業・貿易が発展してきました。たとえば、フェニキア人は多

くの都市国家を形成し、紀元前12世紀頃から地中海全域で盛んな海上交易を行い、繁栄を謳歌していました。陸上輸送と異なり海上輸送には、規模は大きいが速度は遅く、さらに国境の問題などがありました。すなわち海上交易は、大きな利益が上がるが、とても危険な事業だったのです。海上保険では、この危険負担の代償として前もって保険料を支払うようになりました。このことから保険料を前もって支払う金額（premium）と呼ぶようになりました。

　本著は生命保険の募集人の皆さんが、速やかに新契約を成立させるための考え方について書きました。私の生命保険会社時代の経験から、正しい告知書の書き方や上手な診査の受け方を解説してみました。本著が皆さんの営業活動にお役に立てることを心から願っております。
　最後に、本著の成立と出版にお世話になった鈴木由紀子さんと大内幸夫さんにお礼申し上げます。
　では皆さん、ボンボヤージュ！

2016年3月

牧野安博

目 次

目　次

はじめに

PART 1 ■保険申込書・告知書の内容と記載方法

1. 長期未決案件を減らすには …………………………………… 8
2. 告知書改訂の歴史 ……………………………………………… 15
コラム●人間が犬に咬みついたら？ ……………………………… 16
3. 自主申告義務から質問応答義務へ …………………………… 17
4. 伝わる告知書を書くためには ………………………………… 19
5. 最近の健康状態についての質問 ……………………………… 20
コラム●蚊の一刺しも災害？ ……………………………………… 25
6. 過去5年以内の健康状態についての質問 …………………… 26
7. 過去2年以内の健康診断についての質問 …………………… 31
8. 身体の障害についての質問 …………………………………… 33
コラム●血圧の左右差は危険？ …………………………………… 35
9. ガンについての質問 …………………………………………… 36
10. 女性の方への質問 ……………………………………………… 38
＜資料①＞「生命保険申込書（例）」と記入要領 ……………… 39

PART 2 ■告知書の質問事項と記入のポイント

1. 引受基準緩和型商品専用告知書① …………………………… 42
2. 引受基準緩和型商品専用告知書② …………………………… 51
3. 引受基準緩和型終身医療保険専用告知書 …………………… 56
4. 低解約返戻金型介護認定一時金給付保険（一時払）
   専用告知書 ……………………………………………………… 58
＜資料②＞「告知書（例）」と記入要領 ………………………… 61

PART 3 ■同意書・承諾書の説明と記入方法
　　１．お客さまの不安 ……………………………………… 64
　　２．見込客の保険料率、特約、条件変更に対する受容度 …… 66
　　３．同意書・承諾書と守秘義務について ………………… 68
　　コラム●眼が悪いと保険に入れない？ ……………………… 69

PART 4 ■募集人報告書・添え状の活用方法
　　１．募集人報告書について ………………………………… 72
　　コラム●注射は手術？ 手術でない？ ……………………… 73
　　２．添え状のすすめ ………………………………………… 74
　　３．添え状の効果 …………………………………………… 76
　　４．添え状のトピック例 …………………………………… 80
　　＜資料③＞「募集人報告書（例）」と記入要領 ………… 83

PART 5 ■お客さまへの質問と診査の受け方
　　１．５つの重要な質問 ……………………………………… 86
　　コラム●「不整脈」と告知するなかれ！ ………………… 96
　　２．質問しお客さまの回答を記録する …………………… 97
　　３．被保険者候補の病歴をキャッチする ………………… 101
　　４．引受査定における臨床検査 …………………………… 103

●巻末レッスン●
薬剤名の告知について ……………………………………… 106

PART 1
保険申込書・告知書の内容と記載方法

PART 1 ■保険申込書・告知書の内容と記載方法

1．長期未決案件を減らすには

●必要十分な情報が揃っていないと時間がかかる

　ある生命保険会社が、「申込書が提出されたにもかかわらず保険証券が発行されなかった件数」を調査しました。その結果は次のとおりです。

必要書類が整わずに案件が流れた……………………………38％
お客さまが新契約の申込みを取り下げた……………………26％
引受査定で不承諾となった……………………………………26％
引受査定で延期となった………………………………………10％

　上位2つの「必要書類が整わずに案件が流れた」と、「お客さまが新契約の申込みを取り下げた」というのは、申込内容への不満や事務手続き上の問題と推測されます。つまり、**新契約の保険証券が発行されない6割以上が、引受査定を行う以前の要因によるもので、お客さまの健康状態によるものではありません。**

　これら申込内容への不満や事務手続き上の問題の多くは回避可能なことです。募集人である皆さんが慎重であれば、このような問題に巻き込まれることはありません。本書も不要な不成立契約をなくすために書かれたものです。

突然の契約不成立を経験した募集人の多くは、本社の新契約受付部門（＝契約部など）の引受査定者のことを良く思っていないことでしょう。

営業の苦労も知らないで、申込書や告知書などのあらを捜し、ささいなミスを発見しては大喜びし、完璧でない申込書があれば容赦なく不成立にしてしまう奴らだと思っているのかもしれません。

何ヵ月も苦労してやっと書いてもらった申込書に難癖をつけ、「あの書類が足りない」「この書類には不備がある」などと、人をあごで使って優越感に浸ることに生きがいを感じている奴らだと…。

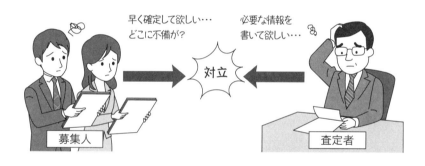

しかし、**新契約査定者たちを快く思っていない募集人から提出される申込書は、査定者を悩ますものが多いのです**。

被保険者の症状が炎症にもかかわらず「疲労」と書かれていたり、「うつ病」であるにもかかわらず「おとなしい性格」と記載されていたり、「腫瘍（しゅよう）」が「吹き出物」となっていたり、わざと勘違いさせようとしているのではないかと思えるような情報しか伝えてこないものが多いのです。査定者がいいように解釈すればラッキーと思っているとしかとれないものが少なくありません。

そのような申込書は当然処理に時間がかかります。そうなると、

募集人は、「申込書の確定が遅すぎる。早く成立させてくれ！」と査定者に文句のひとつも言いたくなると思います。

査定者としては、契約成立させるための必要十分な情報が揃っていないため判断が遅れているのですが、残念なことに査定者が悩んでいる姿は募集人の皆さんには見えないのです。

● **必要な情報の記載は事務負担を軽減させる**

申込書や告知書以外に、引受査定時に添付される書類には①「必須のもの」と②「任意のもの」の2種類があります。

「①必須のもの」とは、被保険者の加入年齢や保険金額などに応じて提出が義務づけられる会社所定の書類です。この書類の数は、お客さまの年齢と申込保険金額の額に比例して増加する傾向があるようです。

これらは、リスクを査定評価し保険会社の経験死亡率の目標を達成するために必要とされるものですから、会社の取決めとして設定され、これからの分析資料のデータともなっていきます。

「②任意のもの」とは、その名が示すように、規則上は提出を義

務づけられていないものです。申込書や告知書だけでは足りないちょっとした情報や、いまひとつ不明確な部分の確認や裏づけなどに利用される補足的なものです。

査定者が必要としている書類は、契約成立の諾否にピンポイントで必要なものですが、いつ何時でも「①」の必須書類を優先して求めているわけではありません。ときには必須書類よりも「②」の任意の書類の方が必要とされることも珍しくありません。

しかし、残念ながら筆者の経験からも、多くの書類がリスク評価の観点では役立つことが少ないものでした。もし、募集人の皆さんが、査定者が本当に欲しがる情報は何なのかを理解していただけたなら、保険業界で毎月無数に取り交わされる何千枚というムダな書類がなくなります。

たとえば、添え状1枚に必要な情報が書かれていれば、不備通知や追加資料の取り寄せなど、生命保険会社に余計な事務負荷は大きく軽減されることになります。

●査定者との協力が長期未決案件を減らす

ここまでの話でお気づきのこと思いますが、査定者も皆さんと同じで可能な限り早く保険証券を発行し、お客さまの元へお届けしたいと思っています。新契約の申込書が長い間保留状態にあればあるほど、2回目以降の保険料を支払おうとするお客さまの気持ちは薄れます。もちろん、募集手数料や紹介料も支払われないため、募集人の皆さんにとっても良いことなどひとつもありません。

皆さんが思う以上に、査定者は保険証券が早期に発行送付される

かどうかを気にかけています。というのも、長期未決となっている新契約申込書は上司の注意を引くからです。彼らは、時に査定者につきまとうようにうろうろし、長期未決の申込書を見つけようとします。一方、上司は上司で、上層部の意向や社内監査等に敏感です。

すべての新契約部門の課長は、コンピュータに表示される各査定者の長期未決リストを見ることができます。リストに多くの長期未決案件が載っている状態は、本来あってはならないことです。残っているのは、リスクが高く査定者の評価も良くないものばかりでしょう。

もし、知り合いに査定者がいたら聞いてみてください。未処理案件数が少ないほど、査定者の業務上の評価は高いのです。

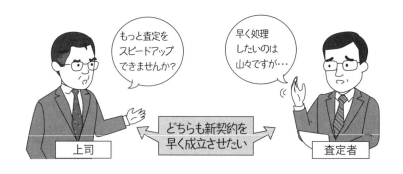

また新契約部門の課長のもとには、保険募集人、代理店、被保険者予備群などから敵意のある手紙が届くことがあります。その手紙は、査定者の上司、その上司の上司、または経営上層部へと組織の食物連鎖を登って行きます。そして、手紙が上に行くほど、大騒ぎになり、担当査定者に好ましくない結果を与えるようになります。

処理スピードが遅く、社内のみならずお客さまからも苦情を受け

る迷惑な査定者がいるようだという、ありがたくない評判が上層部に浸透してしまうことにつながるのです。

　もちろん、査定者とて長期未決案件数を少なくしようと努力していないわけではありません。もし、募集人の皆さんが査定者との協力関係を築こうと考えているのであれば、長期未決案件はこれから劇的に減っていくでしょう。それは皆さんが募集した新契約申込書が、より早く成立し、皆さんの余計な仕事を減らすことにつながります。

●申込書や告知書にヒアリング内容を反映させる
　そのためには、どうすればよいのでしょう。
　それは、お客さまからのヒアリングを大切にすることです。申込書や告知書に関連するお客さまとの会話の内容を忠実に記録するのです。契約成立に役立つと思ったことは、どんな小さなことでも添え状を書くなどして引受査定者に送るのです。

　これは、やろうと思えば誰にでもできることです。情報が少なく、査定者が確信を持って判断できない申込書の成立は、当然ながら遅くなります。それは、前述のように募集人の皆さんにとっても好ましいことではありません。
　しかし、少しの手間を惜しまずに的確な添え状を添付したとするならば、査定者はそれを貴重な情報として大切に扱います。その結果、新契約成立のスピードもアップし、募集人の皆さんと査定者との関係も良好なものになっていきます。どうか査定者と心を通わせてみてください。

2．告知書改訂の歴史

●規制緩和によりさまざまな告知書が登場

　戦後の生命保険業界は、養老保険を中心とした死亡保障を販売してきました。高額な死亡保険金の保険契約申込みに対して医師による診査が行われています。このため、1969年に標準診査報状の作成、1978年に診査報状の統一的改訂、1992年に生命保険協会医務委員会および統一作業部会による統一告知書の改正などが行われました。

　しかしながら、金融の自由化や規制緩和が始まった1996年以降、外資系生命保険会社が日本の保険市場に参入し、2001年の生命保険会社と損害保険会社の子会社方式による相互参入の解禁により、さまざまな告知書が保険市場に登場します。
　結果、ガン保険や限定告知型保険の告知書など損害保険会社型告知書も多くなり、いわゆる簡易告知書も増えました。

　なお、生命保険会社各社が使っている現行の告知書は、その多くが1992年に改正された統一告知書の質問事項に基づいています。それは、次のようなものです。

＜1992年改正の統一告知書質問事項＞

1．職業（勤務先・具体的な仕事内容）
2．最近の健康状態
3．過去5年以内の健康状態
4．過去2年以内の健康診断

5．身体の障害

6．女性の場合（満16歳以上）

現在では、これらに「がんの既往」についての質問事項が追加されています。

コラム 人間が犬に咬みついたら？

よく笑い話で、犬が人間に咬みついたら災害ですが、人間が犬に咬みついたら病気だと言われます。犬に咬みついた人間の精神は病んでいるに違いないと思われるからです。

生命保険の普通保険約款では、災害で入院しても疾病で入院しても入院給付金が支払われます。前者を災害入院と呼び、後者を疾病入院と呼びます。よって、犬に咬みつかれた人間の入院は、災害入院ということになります。

ところが、損害保険会社の傷害保険では、犬に咬みつかれた人間の入院は傷害入院として支払われますが、犬に咬みついた人間の入院は支払われません。つまり、傷害入院しか担保しないのですから、疾病入院は非該当ということなのです。

したがって、傷害入院となるような落下や転倒といった明らかな災害が必要とされます。傷害保険の入院保険金請求で、犬に咬みついた人間の主治医が、彼の入院証明書を書くのは悩ましいことでしょう。

3．自主申告義務から質問応答義務へ

●重要事項だけではお客さまに伝わらない

　従来の商法から分離された新保険法が2010年4月1日から施行されました。この新保険法は「消費者保護」を第一の目的としています。

　従来の商法で規定されていた告知義務とは、次のような内容です。

> 保険契約において、保険契約者または被保険者は、保険者に対して、契約締結に際して重要な事実を告げなければならず、また重要な事項について不実のことを告げてはならない。当該契約の締結の可否または契約条件の決定に通常影響をおよぼすと認められる事実を重要事実という。（商法678条）

　しかしながら、この「重要事実」が何であるかをお客さまは明確に認識することができないのが現実です。

　これに対して新保険法では、次のように告知書に記載された事項をお客さまが告知すべきものと定めています。

> 保険契約者または被保険者になる者は、生命保険契約の締結に際し、保険事故の発生の可能性（危険）に関する重要な事項のうち保険者になる者が告知を求めたもの（告知事項）について、事実の告知をしなければならない。（保険法37条）

すなわち新保険法下では、保険者になる者が告知を求めたもの以外については告知義務違反が問われないため、限定病名列挙方式による告知書の採用をする保険会社が多くなりました。

　つまり、従来の商法下の自主申告義務から新保険法下の質問応答義務へと様式が大きく変わったのです。

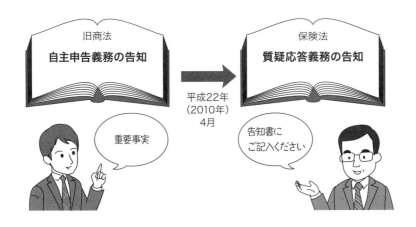

4．伝わる告知書を書くためには

●告知対象となる事実をありのままに告知

　保険会社がお客さまから告知を求めるのは、保険契約の締結にあたって、引き受ける危険の大きさを判定し、その契約の諾否および契約条件を決定しなければならないからです。

　危険測定の資料となる事項は、通常、保険契約者または被保険者だけにしかわからない事実で、保険会社がこれを単独で調査することは困難なことから、保険契約者側に協力を求める必要があります。この目的のために認められたのが、保険契約者等が重要事実を告知する義務です。

　保険契約者または被保険者となるお客さまには、告知対象となる事実をありのままに告知していただく必要があります。そのためのポイントは次の3点に集約されるでしょう。

　①正確な医学的病名の告知をしていただく
　②病気の期間（罹患期間）の告知をしていただく
　③手術名と薬剤名の告知をしていただく

　一般に高血圧などの生活習慣病を除くと、病気の現症は引受不可となることが多いです。既往症の病気なら、これらの3点を漏れなくお客さまに告知していただくことが重要です。その際に発病から終診となるまでの病気の経過について、物語のように書くとよいでしょう。
　では、次に一つひとつの告知書文言について見ていきましょう。

5．最近の健康状態についての質問

●会社によっては歯科医師を含む場合もある

告知書第1項の質問は、次のとおりです。

> 【最近の健康状態】
> 最近3ヵ月以内に、医師の診察・検査・治療・投薬を受けたことがありますか。また、その結果、検査・治療・入院・手術をすすめられたことがありますか。

この質問で注意すべきポイントは、「医師」と「最近3ヵ月以内」の解釈です。まず医師ですが、一般に医師（医師法）とは歯科医師（歯科医師法）を含みません。

しかしながら、**保険会社によっては「医師には歯科医師を含みます」としている会社もあるので注意が必要**です。もちろん柔道整復師（柔道整復師法）、鍼灸師、按摩・マッサージ師は含まれませんが、整形外科医などの医師の指示により柔道整復師の施術を受けている場合には、この限りではありません。

したがって、医師または歯科医師が関与していれば「医師の診察・検査・治療・投薬を受けたことがある」にかかると考えるべきでしょう。

歯科医師の治療という場合に、必ずしも虫歯（う歯）の治療だけではありません。親知らずの抜歯やインプラント治療なども盛んに行われています。

親知らずの抜歯もその一部は手術給付金の対象となることがあります。それは顎骨の処置をする手術が行われた場合で、「完全埋伏歯（骨削除を伴うもの）」「歯根のう胞」などの手術の場合に手術給付金の対象となる可能性があります。

　インプラント治療においても顎骨に骨移植した場合には、この骨移植に対する手術が手術給付金の対象となることがあります。それゆえに、告知書第1項の質問にある「医師」に歯科医師を含める保険会社があるのです。

●医師の診察を受けただけでも告知対象に
　次に、「最近3ヵ月以内」とは告知日前3ヵ月以内の時間を区切っているのみで、この時間軸内に医師の診察を受ければ、その事実は告知対象となります。
　ここで注意すべきは、症状や病気の有無を問わないことです。すなわち「病気やケガで」とは質問していないことから、医師の診察（身体所見）を受けたのみで「問題ありません。気のせいですよ」と医師から言われて帰宅したとしても、この事実が「最近3ヵ月以内」にあれば告知対象です。

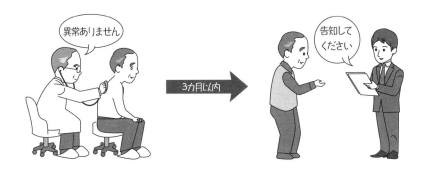

　主治医からの病名を告知されているかどうかは関係ありません。想定されるのは次のようなケースです。

・告知日より1ヵ月前に風邪で近所の診療所を受診し風邪薬をもらった。
・告知日より1ヵ月前に腹痛で受診し4日分の投薬を受けて完治した。
・ノロウイルスによる急性胃腸炎と言われた。
・告知日より2ヵ月前に子宮がん検診を受けた。
・告知日より1ヵ月前に歯医者で歯根のう胞が原因で抜歯をした。

　これらの他にもさまざまなケースが想定されますが、**病院や診療所を問わず「最近3ヵ月以内に医師の診察を受けた」場合には、すべて告知対象となる**と理解したほうがよいと思います。

　なお、「医師の診察・検査・治療・投薬」に、検査入院・定期的な検査・カウンセリングを含むとしている保険会社もあります。別の保険会社では、「健康診断・人間ドックを除きます」、または「異

常を指摘されない妊娠中の定期検診は含みません」としている保険会社もあるため、検査の定義についても注意が必要です。

しかしながら、前述のようにすべて告知対象となると解釈をしておくとよいでしょう。

●自覚症状については診察を受けなくても告知対象

その他に告知書第1項の質問として、次のような項目を加えている保険会社もあります。

【最近の健康状態】

最近3ヵ月以内に、下記のような（自覚）症状など身体の変調はありますか。

> 熱・咳の持続、胸腹部の痛み、麻痺、しこり（乳房、頚部、睾丸など）、血たん、血便、血尿、不正出血、急激な体重減少、吐血、下血

従来の診査医扱いの告知書では、嘱託医や社医が内科初診程度の診察をするため、現在の健康状態について「最近1週間以内で、体の具合の悪いところがありますか」という告知書文言で質問をしていました。しかし、新保険法下の告知書では「体の具合の悪いところ」とあいまいな質問ができないために、このような質問をしているのです。

ここでは、風邪の現症、胸痛または腹痛があったこと、四肢や顔面の麻痺、乳腺腫瘍、頚部腫瘍、睾丸腫瘍、消化管や泌尿生殖器からの出血、ガンの末期における体重減少などの自覚症状を質問して

います。ここではこれらの自覚症状があるものの、医師の診察を受けていない状態も告知対象となることに注意が必要です。

●喫煙と過去1年間の体重の増減を問うところも

　また血便や血尿などは、会社の定期健康診断や人間ドックなどで指摘される異常です。肉眼的に見える血便、下血、吐血、血たん、不正出血、血尿であれば、普通すぐに近医を受診するので自動的に質問の告知対象となるでしょう。

　加えて、**定期健康診断や人間ドックなどで指摘された血便（便潜血）や血尿（尿潜血）なども最近3ヵ月以内のことであれば、告知対象**と考えたほうがよいと思います。

　ある外資系保険会社では、被保険者についてお尋ねしたいこととして、喫煙と過去1年間の体重の増減についてアンケートを実施しています。体重の増減は（過去1年間で）プラスマイナス5キログラム以上、または1割以上の増減が目安となるようです。

　もちろん、これらの質問も新契約の引受査定時には、告知事項として考慮されていると考えられます。将来においては、前記の自覚

症状の他に、めまい、耳鳴り、難聴、視力障害、視野欠損、しびれ感なども告知対象となるかもしれません。

蚊の一刺しも災害？

近年、フラビウイルスを媒介する蚊により起こる感染症が注目を集めています。たとえばデング熱、ジカ熱やウエストナイル熱などです。

この原因となるフラビウイルスには、出血熱ウイルスと脳炎ウイルスとに分けられ、前者は出血傾向を伴う熱性疾患つまり出血熱を、そして後者は脳炎をそれぞれ主症状とします。しかし、すべてのフラビウイルス感染者が典型的な症状を示すわけではなく、通常症状を示さない不顕性感染の割合が多いようです。また、症状を示しても、出血熱や脳炎という症状を呈さず、いわゆる急性熱性疾患として非定型的な症状のみで終わることも多いのです。

したがって、人口の流動性が高くなるオリンピック大会など世界中の人々が集まるとき、このフラビウイルスの不顕性感染者から、蚊を介して感染しジカ熱を発症したら、これは災害なのでしょうか。なかなか悩ましいことです。

6．過去5年以内の健康状態についての質問

●7日以上とは初診日から終診日までの期間

告知書第2項の質問は、次のとおりです。

> ・過去5年以内の健康状態：過去5年以内に、病気やケガで、継続して7日以上の入院をしたことがありますか。
> ・過去5年以内に、病気やケガで、手術を受けたことがありますか。
> ・過去5年以内に、病気やケガで、7日以上にわたり、医師の診察・検査・治療・投薬を受けたことがありますか。

この質問項目で一番注意すべきは「7日以上にわたり」の日本語文言の解釈です。初診日から終診日（完治日）までの期間が7日間以上ある病気やケガについては告知対象となります。つまり、これは通院回数ではなく診察・検査・治療・投薬のために通院した期間と考えるべきです。

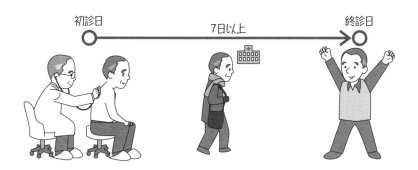

次のようなケースについても、該当するものと考えなければいけ

ません。

> ・風邪で近医を1回だけ受診し8日分の薬の処方を受けた。
> ・かいよう性大腸炎の手術後、年1回の経過観察を毎年受けている。

次に「継続して7日以上の入院」をする病気やケガを考えてみると、一般に四肢の骨折などの外傷や病気は、すぐに継続して7日以上の入院になるでしょう。ここでは、初発症状から始まって初診から終診までの経過を詳細に告知することが重要です。具体的には物語のように順序立てて書くとよいでしょう。

入院日数（平均在院日数）は、厚生労働省の「患者調査（平成26年）」によると、全体的に短くなる傾向にあります。しかしながら傷病分類別に見ると、精神科疾患（精神および行動の障害）については291.9日と他の群を抜いて長くなっています。

●日帰り入院や外来での手術も告知対象

手術については、開胸手術、開腹手術や開頭手術は告知対象です。その他、忘れやすいのは、「腎臓結石や尿管結石などの尿路結石に対する体外衝撃波結石破砕術」「腹腔鏡下胆嚢摘出術や内視鏡下大腸ポリープ切除術などのファイバースコープを用いた手術」「経皮的冠動脈形成術や肝動脈化学塞栓療法などのカテーテルを用いた手術」「経皮的レーザー椎間板減圧術や網膜光凝固術などのレーザー手術」なども告知対象となります。

さらに、この質問文言では入院の有無を問わないため、日帰り入

院や外来での手術も告知対象となることに注意してください。

　第一生命や朝日生命などは、一部の疾患を限定列挙した表を掲げて次のような質問をしています。

【過去5年以内の健康状態】
過去5年以内に、下記の病気で医師の診察・検査・治療・投薬を受けたことがありますか。

＜別表1＞

心臓・血圧の病気	狭心症、心筋こうそく、心臓弁膜症、先天性心臓病、心筋症、高血圧症、不整脈
脳・精神・神経・目の病気	脳卒中（脳出血・脳こうそく・くも膜下出血）、統合失調症、うつ病、神経症、自律神経失調症、てんかん、知的障害、認知症、白内障、緑内障、網膜・角膜の病気
肺・気管支の病気	ぜんそく、慢性気管支炎、肺気腫、気管支拡張症肺結核
消化器の病気	胃かいよう、十二指腸かいよう、かいよう性大腸炎、クローン病、肝炎（肝炎ウイルス感染を含む）、肝硬変、肝機能障害、膵炎
腎臓・尿路の病気	腎炎、ネフローゼ、腎不全、前立腺肥大症

右記の病気	糖尿病（耐糖能異常を含む）、リウマチ、こうげん病、貧血症、紫斑病、甲状腺の病気、子宮筋腫、子宮内膜症、卵巣のう腫

【過去5年以内の健康状態】

過去5年以内に、別表の病気で1度でも医師の診察・検査・治療・投薬を受けたことがありますか。

過去5年以内に、別表以外の病気やケガで、7日以上にわたり、医師の診察・検査・治療・投薬を受けたことがありますか。

＜別表2＞

脳・神経・精神	脳内出血、脳こうそく、くも膜下出血、統合失調症、そう・うつ病、心身症、神経症、パニック障害、自律神経失調症、アルツハイマー病、パーキンソン病、ノイローゼ、てんかん、アルコール依存症、不眠症、知的障害、認知症
目・耳・鼻	白内障、緑内障、ぶどう膜炎、角膜炎、円錐角膜、角膜かいよう、網膜色素変性症、網膜はく離、眼底出血、中耳炎、メニエール病、突発性難聴、ちくのう症（副鼻腔炎）、鼻中隔湾曲症
心臓・血圧	高血圧、狭心症、心筋梗塞、先天性心疾患（心臓病）、心筋症、不整脈、大動脈りゅう、心臓弁膜症、心雑音
肺・気管支	ぜんそく、慢性気管支炎、慢性閉塞性肺疾患（COPD）、気管支拡張症、肺気腫、肺結核、じん肺、過換気症候群
胃腸・すい臓	胃かいよう、十二指腸かいよう、急性すい炎、慢性すい炎、腸へいそく、クローン病、かいよう性大腸炎、過敏性大腸炎
肝臓・胆のう	急性肝炎、慢性肝炎（肝炎ウイルスキャリアーを含む）、肝硬変、肝機能障害、胆石、胆のう炎

腎臓・尿管	急性腎炎、慢性腎炎、ネフローゼ、腎不全、のう胞腎、水腎症、腎臓結石、尿管結石、前立腺肥大
婦人科系	子宮筋腫、子宮内膜症、卵巣のう腫、乳腺症、不妊症
がん・しゅよう	がん、肉腫、白血病、しゅよう（上皮内がんを含む）、ポリープ、異形成
その他	糖尿病、脂質異常症（高脂血症）、高尿酸血症（痛風）、リウマチ性疾患、こうげん病、貧血、紫斑病、甲状腺腫、甲状腺機能亢進症、甲状腺炎、変形性関節症、椎間板ヘルニア、痔、関節リウマチ

　この質問では、別表に列記した限定列挙疾患で一度でも医師の診察を受けたことがあれば、告知対象となることに注意してください。つまり5年以内に1回でも受診歴があれば、病気が完治していようが経過観察であろうが告知してくださいとしています。

7. 過去2年以内の健康診断についての質問

●健康診断・人間ドックはありとあらゆるものを含む

> 【過去2年以内の健康診断】
> 過去2年以内に健康診断・人間ドックを受けて、下記の臓器や検査の異常（要経過観察・要再検査・要精密検査・要治療を含みます）を指摘されたことがありますか。
>
> > 心臓・肺・胃腸・肝臓・腎臓・すい臓・胆のう・子宮・乳房・血圧測定・尿検査・血液検査・眼底検査

　この質問では過去2年以内の健康診断・人間ドックについて、前記に示された臓器や検査の異常が指摘されたことを告知対象としています。

　健康診断・人間ドックとは、健康維持および病気の早期発見のための診察・検査をいいます。学校や職場、地方公共団体等が実施する「定期健康診断」「健康診査」「生活習慣病予防検診」「ガン検診」だけでなく、これに自主的に受けた任意の「人間ドック」「脳ドック」「ガン検診」「心臓ドック」等を含むとする保険会社が増えました。

　すなわち、過去2年以内の健康診断・人間ドックには、強制または任意を問わず、ありとあらゆる健康診断を含むと考えるべきでしょう。

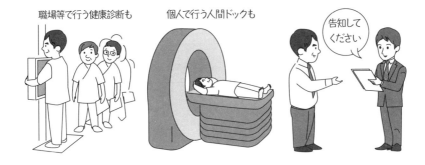

　また、臓器や検査の異常としては、要再検査・要精密検査・要治療を指示されたものが過去には一般的でしたが、この異常に要経過観察を加えた保険会社もあります。人間ドックなどの指摘で経過観察といっても、一概に軽微な疾患とは限りません。

　たとえば、引受査定では不承諾となる心房細動を経過観察とする人間ドック検診機関もあります。さらに、肝血管腫や胆嚢ポリープなどは小さければ経過観察と指示されますが、その大きさが大きくなれば手術が実施されます。もちろん、疾病入院給付金と手術給付金の支払対象となる疾患です。

　この質問項目の下段には、臓器と検査が列記されています。この臓器と検査のリストに対して、それぞれ脳・甲状腺・食道・卵巣・睾丸・前立腺と心電図検査・超音波検査・便潜血・CT検査・MRI検査・PET検査・PSA検査・上部消化管エックス線検査・大腸内視鏡検査・脳ドック・MMG（マンモグラフィー）検査を追加している保険会社もあります。

8．身体の障害についての質問

●視力は裸眼ではなく矯正視力を指す

【身体の障害】
視力（左右いずれかの矯正視力が0.3以下）・聴力・言語・そしゃく機能に障害がありますか。

手・足・指の欠損・機能障害、あるいは背骨（脊柱）に変形や障害がありますか。

　死亡保障においては高度障害保険金の支払事由として両眼失明があり、保険会社は視力障害については厳しく告知を求めています。この質問にある視力とは、裸眼視力でなく、眼鏡・コンタクトレンズ・眼内レンズなどの使用後に得られた矯正視力を指します。
　なお、視野欠損については告知対象としていないので、中心視力さえあれば緑内障などで周辺視野に欠損があっても告知対象とならないようです。

　聴力障害については、告知対象となる障害基準が設けられていません。普通保険約款で支払事由となる聴力障害は、対象となる身体障害の状態の「両耳の聴力を全く永久に失ったもの」です。これは聴力レベルが90デシベル以上で回復の見込みのない場合をいいます。
　したがって、**進行性の聴力障害や高度難聴がある場合には告知が必要**です。

言語・そしゃく機能については、対象となる高度障害状態の「言語またはそしゃくの機能を全く永久に失ったもの」に該当すると高度障害保険金の支払対象となるために告知を求めています。なお、参考のためにこの定義を次に示しておきます。

> 【言語またはそしゃくの機能を永久に失ったもの】
> 　「言語の機能を全く永久に失ったもの」とは、語音構成機能障害・脳言語中枢の損傷よる失語症・声帯全部のてき出により発音が不能の3つの場合をいう。
> 　「そしゃくの機能を全く永久に失ったもの」とは、流動食以外のものは摂取できない状態をいう。これらの言語機能とそしゃく機能の障害のいずれもその回復の見込みのない場合をいう。

●高度障害状態については各社の約款を参照

　また、主たる保険契約に災害割増特約が付加されていると、前述の身体の障害の状態に該当した場合には、災害死亡保険金や災害高度障害保険金の支払対象となります。その他の高度障害状態については、各社の約款にある「対象となる高度障害状態」を参照してください。

　これら身体の障害に加え、手・足・指の欠損・機能障害、あるいは背骨（脊柱）に変形や障害がある人で障害者手帳の交付を受けている場合には、その手帳の写しを参考資料として添付すると引受査定時に役立つことが多いです。

つまり、告知日前に固定している身体障害については、「その詳細の告知」と「障害者手帳の写し」を保険会社へ提出することが、新契約の早期成立に役立ちます。

コラム　血圧の左右差は危険？

医 学文献データベースを利用した20件の論文のメタ解析により、両腕の収縮期血圧の差と血管疾患および死亡率との関連が医学雑誌に報告されました。血圧差が10mmHg以上では鎖骨下動脈狭窄症と、15mmHg以上では末梢血管疾患、既存の脳血管疾患や心疾患死亡率などの増加と関連するそうです。両腕の収縮期血圧の差は、おそらく末梢血管などの動脈硬化を反映していると思われますが、これは有用なリスク指標と考えられます。

生命保険の診査では、一般に心臓に近い左上腕にマンシェットを巻いて血圧測定をします。血圧が高いと右腕の測定を指示する会社もあります。先見の明のある生命保険会社なのでしょうか。

冬の寒い日は血圧も上がりますから、往診診査を受けるときは、温かい部屋で測定してもらいましょう。手元に過去の血圧値データがあるなら、それも見てもらいます。勤務先の定期健康診断結果通知書、人間ドック成績表、献血手帳、高血圧治療中なら血圧手帳などの写しを用意しておくとよいでしょう。

というのも、過去の血圧値と現在の血圧値を平均してもらえるからです。その他、安静時心電図検査結果などが正常なら、その情報も考慮してくれます。しかしながら、血圧測定を含む保険加入時の診査は1回勝負ですから、数日前から体調を整えたうえで受けた方がよいのは言うまでもありません。

9．ガンについての質問

●ガン保険は上皮内の悪性新生物も支払対象

> 【ガンについて】
> 今までに、悪性新生物（上皮内ガンを含みます）と診断されたことがありますか。
> これまでに、ガン（肉腫・白血病・悪性黒色腫・悪性リンパ腫・多発性骨髄腫を含む）にかかったことがありますか。

　ガンについて、悪性新生物を列挙した告知書へ変更した保険会社が多くなりました。一般にガンとは上皮から発生する「悪性新生物」を指します。結合組織・骨・筋肉・脂肪からの悪性新生物は「肉腫」と呼ばれます。ガン腫と多くの肉腫は「固形腫瘍」です。

　これに対して、白血病・悪性リンパ腫・多発性骨髄腫などのいわゆる血液のガンと呼ばれるものは、肉腫ですが「非固形腫瘍」です。すなわちこの質問では、悪性新生物に分類される疾患に罹患した過去の事実を聞いています。

　近年、ガン検診の普及により早期ガンの発見も増加しました。その中に上皮内ガンと呼ばれるものがあります。これは悪性な細胞が粘膜上皮内にとどまり基底膜を超えて浸潤していない状態です。これらの病変は、上皮外へ浸潤していないため転移もありません。したがって、良性腫瘍のように切除手術をすれば治ることが多いです。

しかしガン保険では、この上皮内の悪性新生物（上皮内ガン・高度異形成）も支払対象としているため、異形成についても告知を求める保険会社もあります。

ガン責任開始日は、主契約である生命保険の責任開始日よりその日を含めて90日を経過した日の翌日としている保険会社がほとんどです。

●責任開始日前に診断確定なら保険契約は無効

ガン保険においては、ガン責任開始日前にガンと診断確定されたことによる無効という約款条項を保険会社は規定しており、次のように表現されています。

> 被保険者が、告知前または告知日からその日を含めてガン責任開始日の前日までに、ガンと診断確定されていた場合は、保険契約者または被保険者のその事実の知、不知にかかわらず、保険契約は無効とします。ただし、ガン責任開始日からその日を含めて5年以内に、ガン給付の支払事由が生じなかった場合には、会社は本条の規定を適用しません。

これは、まずガン責任開始日前にガンと診断確定されているなら保険契約は無効であり、この規定はガン責任開始日から5年間は効力を保つことを示しています。つまり、**ガン責任開始日後5年以内にガンのガン責任開始日前の診断確定が判明したら、保険契約は無効となるということです。**

10. 女性の方への質問

●女性については特別に質問が設けられている

> 【女性の方へお尋ねします】
> 過去5年以内に、子宮・卵巣・乳房の病気で、入院したり手術を受けたこと、または7日間以上にわたり、医師の診察・検査・治療・投薬を受けたことがありますか。
> ……
> 過去5年以内に、妊娠・分娩に伴う異常で、入院したり手術を受けたことがありますか（帝王切開を含みます）
> ……
> 現在、妊娠していますか。
> はい（妊娠第　　週または　　カ月）・いいえ

　従来、嘱託医の診査において女性の下腹部（羞恥部）の診察は省略されてきた経緯があります。このため、女性に対する質問を特別に設けている保険会社がほとんどです。

PART1 ■保険申込書・告知書の内容と記載方法

資料①＜生命保険申込書（例）＞

生命保険契約申込書

○○○○生命保険株式会社　御中

申込番号

| 申込日 | 平成　年　月　日 | 募集人受領日 | 平成　年　月　日 |

契約者
- 住所　〒○○○-○○○○　TEL ○○○-○○○-○○○○
- フリガナ
- 氏名（自署）　　　　様
- 性別　1男　2女
- 生年月日
- 保険契約者印 ㊞
- 解約返戻金に関する事項 ㊞
- 勤務先名／勤務年数
- 業種名／仕事内容
- 税込年収　　　　万円

親権者後見人（自署）　　　様 ㊞
保険契約者から見た続柄　1父　2母　3後見人

被保険者
- 住所　〒○○○-○○○○　TEL ○○○-○○○-○○○○
- フリガナ
- 氏名（自署）　　　　様
- 性別　1男　2女
- 生年月日
- 被保険者同意印 ㊞
- 契約者との続柄

裏面記載の「米国における納税義務者等」に該当しません。［FATCA（外国口座税務コンプライアンス法）］
　1　はい　　2　いいえ
※該当する方は上記に○印をつけたうえ、所定の書類をご提出ください。

受取人
- フリガナ／氏名　　　様　／性別・生年月日　1男　2女／分割割合　％／リビングニーズ特約　1付加する　2付加しない
- フリガナ／氏名　　　様　／性別・生年月日　1男　2女／分割割合　％／リビングニーズ特約　1付加する　2付加しない

| 払込方法 | 1月払 2年払 3半年払 | 払込経路 | 1口座振替 2振込 3クレジットカード | 支払特約 | 1付加する 2付加しない | 第1回保険料 | 円 |
| | | | | | | 前納　全期前納　前納　年分 |

保障内容	主契約・特約	保険金額・給付金日額	保険期間	保険料払込期間

| 契約日特例 | 1　2回分保険料を初回に払込み　　2　1回分保険料を初回に払込み | 募集人コード | |

| 指定代理請求人 | フリガナ／氏名 | 被保険者から見た続柄　1父　2母　3後見人 | 代理請求特約　1付加する　2付加しない |

＜生命保険申込書（例）の記入要領＞

①「契約者」欄には契約者の住所・氏名およびフリガナも記入のうえ（氏名は自署）、契約者印を押してください。また「勤務先名」「勤務年数」「業種名」「仕事内容」「税込年収」を記入してください。

③契約者が未成年の場合は、「親権者後見人」欄に氏名を自署して「保険契約者から見た続柄」欄の当該部分をマルで囲んでください。

④裏面に記載されている「米国における納税義務者等」に該当するかしないかについて、当該部分をマルで囲んでください。

⑤契約者と被保険者が異なる場合は、「被保険者」欄に被保険者の住所・氏名およびフリガナも忘れず記入のうえ（氏名については自署）、被保険者同意印を押してください。

⑥保険金受取人を必要とする場合は「受取人」欄に氏名等を記入して「分割割合」欄に保険金を受け取る割合、「リビングニーズ特約」欄に付加するかしないか、当該部分をマルで囲んでください。

⑦「保障内容」欄では、「払込方法」「払込経路」「支払特約」等の欄について、当該部分をマルで囲んでください。「第1回保険料」欄に支払う金額を、前納する場合はその方法を記入してください。

⑧「契約日特例」欄には、初回に1回分を支払うか2回分を支払うかについて、当該部分をマルで囲んでください。1回分を選択した場合で、契約の成立が遅れると最初の請求が2回分になることがありますが、2回分の金額が振替できないと契約が失効するので注意します。

⑨指定代理請求人を指定する場合は、「指定代理請求人」欄に氏名等を記入します。最後に「募集人コード」を記入します。

＊また「勤務先名」「勤務年数」「業種名」「仕事内容」「税込年収」については記入を忘れがちなので、十分な注意が必要です。

PART 2
告知書の質問事項と記入のポイント

PART2 ■告知書の質問事項と記入のポイント

1.「引受基準緩和型商品専用告知書」①

＜質問事項＞

1．最近3ヵ月以内に受けた医師による検査または診察で、入院または手術をすすめられたことがありますか。
2．過去1年以内に、病気やケガで入院したこと、または手術を受けたことがありますか。
3．過去5年以内に、ガン（悪性新生物および上皮内新生物）または肝硬変で、入院したこと、または手術を受けたことがありますか。
＊白血病その他の血液のしゅようは悪性新生物に含まれます。

4．過去過去5年以内に、ガン（悪性新生物および上皮内新生物）または肝硬変と診断確定（再発や転移を含みます）されたことがありますか。
＊白血病その他の血液のしゅようは悪性新生物に含まれます。

5．過去2年以内に、医師による検査または診察（通院・経過観察も含みます）・健康診断・ガン健診・人間ドックを受けて、【別表】に該当する内容で異常（要経過観察・要再検査・要精密検査・要治療を含みます）を指摘されたことがありますか。ただし、再検

> 査の結果、「良性」または「異常なし」と診断された場合を除きます。
>
> 【別表】しゅよう、ガン(悪性新生物および上皮内新生物)、ポリープ、腫瘤、胸のしこり、子宮頸部異形成
> ＊白血病その他の血液のしゅようは悪性新生物に含まれます。

● **発病日のみなし規定に注意が必要**

質問1と2については、これらの質問に対する詳細記入欄があります。ここにはポイントが2つあります。それは「医師による検査または診察」と「入院または手術」です。これをどう読み解くかを考えてみたいと思います。

医師による検査または診察には、一般的なかかりつけ医への通院受診から、健康診断・ガン健診・人間ドックなどの健診を含むと考えるべきでしょう。すなわち**何らかの原因で医師による検査または診察を受けていて、入院または手術の予定があれば告知事項に該当**します。そして詳細記入欄に記載されたその告知内容により、引受可否を判断するというわけです。

質問1では、被保険者が、これから入院または手術の予定があるかどうかを聞いています。また質問2では、被保険者が過去1年以内に入院または手術の事実があるかを聞いています。すなわち**告知日をはさんで、過去1年前から未来1年以内に入院または手術の事実あるいは予定があるか**ということです。これは普通保険約款に次のような規定があるからです。

医療保険などの普通保険約款の責任開始条項には<u>発病日のみなし規定</u>があります。すなわち、「被保険者が責任開始時前生じた疾病、不慮の事故または不慮の事故以外の外因を原因として入院または手術を受けた場合でも、責任開始の日を含めて2年を経過した後に入院を開始しまたは手術を受けたときは、その入院または手術は責任開始時以後の原因によるものとみなす」というものです。

真の発病日は責任開始前であっても、それを原因としての入院・手術が責任開始日から2年間を経過した後であれば、みなし発病日を責任開始日後とする取扱いです。
　このみなし規定導入の趣旨は、契約の日から長期間経過すれば、発病の時期が通常判定できないだろうというのがその理由です。

昭和56年国民生活審議会の指摘を受けて、疾病入院あるいは手術関係の給付について、大部分の保険会社の普通保険約款に本みなし規定が導入される運びとなりました。なお、発病日のみなし規定は、高度障害保険金にはありません。

●過去5年以内にガンによる入院や手術は加入不可

　質問3は、ガンについての質問です。過去5年以内にガンによる入院や手術があれば保険加入不可ということになります。また、肝細胞ガンの発生母地となる肝硬変も同様です。肝硬変患者の3大死亡原因は、肝細胞ガン、肝不全、消化管出血と考えられています。特に肝細胞ガンは、何回も繰り返し発生します。

　肝硬変とは、あらゆる慢性進行性肝疾患つまり慢性肝炎の終末像

であり、線維化により肝臓全体にびまん性に偽小葉を形成した病変です。これを確認するためには、肝生検による病理組織診断が必要ですが、一般には腹部超音波検査と血液検査等で推認することが可能です。症状は初期には現れにくく、肝機能障害と門脈圧亢進症状がみられます。肝硬変患者は全国に30〜40万人前後いると推計されています。

　一般に肝炎ウイルスに感染すると慢性肝炎状態となり、20年から30年の長期間の肝機能障害状態が続いて肝硬変へ移行します。慢性肝炎の原因となる肝炎ウイルスとしては、B型肝炎ウイルスとC型肝炎ウイルスが知られています。したがって血液検査で肝機能障害を指摘されたとしても、肝炎ウイルスの検査であるHBs抗原とHCV抗体の検査がともに陰性であれば、慢性肝炎の可能性は少ないと考えられます。いわゆる脂肪肝やアルコール性肝障害なのでしょう。
　もちろん脂肪肝やアルコール性肝障害であっても、肝機能検査数値が高いのであれば問題です。軽度の肝機能障害でウルソを服用していると告知すると引受不可となることもあります。

　次に肝機能検査数値（GOT、GPT、γ-GTP）についてですが、カリフォルニア大学ロサンゼルス校で実施された臨床試験によると、肝臓ガンがないとGPT（ALT）はGOT（AST）より高く、B型肝炎関連の肝硬変だけでなくB型とC型の肝臓ガンがあると逆になります。大雑把にいって、すべての慢性肝炎と非アルコール性脂肪肝疾患で、GOT（AST）＞GPT（ALT）は赤旗を上げるつまり危険な臨床検査所見です。肝硬変から肝臓ガンとなっているかもしれないのです。

「過去5年以内に、肝硬変で、入院したこと、または手術を受けたことがありますか。」に「いいえ」の答えならば、多少肝機能障害の数値が悪くても引受基準緩和型の保険には加入できるということです。

質問3のガンについては、次項でまとめて考えます。

●過去5年以内にガンや肝硬変の診断確定なら加入不可

質問4と5は、肝硬変とガンの診断確定について特化したものです。過去5年以内に、ガン（悪性新生物および上皮内新生物）または肝硬変と<u>診断確定（再発や転移を含みます）</u>されたことがあれば、答えは「はい」となります。すなわち<u>告知日から過去5年以内にガンまたは肝硬変の診断確定日があれば保険加入不可</u>ということです。

ガンの診断確定日がなぜ大事かというと、ガン診断にかかる保険金支払の責任開始日が保険期間開始日からその日を含めて<u>90日を経過した日の翌日</u>から始まるからで、この日前にガン診断されている場合には、ガン無効という免責の規定があるからです。

ガン保険の支払いにおいては、ガンの確定診断日を決めなければなりません。これが決定しないとガン保険の責任開始日後に発病したかどうかを保険会社が判断することが困難です。一般的には、<u>ガン手術後の切除した組織の病理組織診断結果が判明した日が、ガンの診断確定日</u>となります。

すなわち病理医の先生が、顕微鏡下で組織を見て悪性細胞の存在を確認し、それを病理診断報告書に記載してはじめて診断が確定します。

保険会社のガンの普通保険約款には、このガンの確定診断を次のように定義しています。

＜ガンの確定診断＞

> 責任開始時以後この特約の保険期間中に、はじめて悪性新生物に罹患したと医師によって病理組織学的所見（生検）により診断確定されること（病理組織学的所見（生検）が得られない場合には、他の所見による診断確定も認めることがあります）

このガンの診断確定の定義からすると、ガンの有無を判断するための生検によるガンの診断確定であってもよいということです。すなわち、術後の病理組織診断によるガンの診断確定でなくても、術前の精密検査として実施される細胞診や組織診によって、ガンと診断確定することができるわけです。

しかしながら、ガンに罹患した器官や組織の手術ができないことも臨床的には多々あります。**ガンの細胞や組織を得ることもできなくて、CT検査やMRI検査の画像診断によってガンの診断確定とすることもあります。**たとえば、ガンの病期（ステージ）が進行していて手術適応がないときです。「病理組織学的所見（生検）が得られない場合には、他の所見による診断確定も認めることがあります」とは、このことを意味します。

● **経過観察でも加入できない可能性も**

さらに質問5では、ガンの診断やその所見に該当する内容で異常（要経過観察・要精密検査・要治療を含みます）を指摘されたこと

を質問しています。ここでは、ガンにかかる臨床検査所見があり、それを指摘されて近々に治療するような状況を想定しているものと考えます。たとえば人間ドックで便潜血反応が陽性となり、大腸内視鏡検査で大腸ガンが見つかり、腹腔鏡下大腸切除術を受けるような場合です。

人間ドックの検査等で【別表】に該当する内容で異常（要経過観察・要精密検査・要治療を含みます）を指摘されたかどうかです。

> 【別表】しゅよう、ガン（悪性新生物および上皮内新生物）、ポリープ、腫瘤、胸のしこり、子宮頚部異形成
> ＊白血病その他の血液のしゅようは悪性新生物に含まれます。

この【別表】に記載の内容をどこまで拡大解釈するかが問題なのですが、たとえば血液検査で腫瘍マーカーが上昇した場合、ガンがあるかもしれないが、しゅようやポリープはまだ見つかっていない状態かもしれません。また、便潜血（＋）だった場合、要精密検査の指示があるかもしれないが、大腸ポリープの存在は証明されていないかもしれません。

ガン（悪性新生物および上皮内新生物）の存在が証明されていないから、告知対象外という解釈も成り立つかもしれません。とても灰色です。一般の医療保険では、もっと細かく事象を列挙して告知を求めています。

逆に、一般の医療保険では、人間ドックで偶然に見つかった胆嚢ポリープについて、その大きさも小さく経過観察の指示ならば、無

条件加入あるいは部位不担保で保険加入できます。しかしこの保険では、質問5の告知対象となるため加入できない可能性があります。たとえ加入できたとしても保険料は高くなってしまいます。

●きめ細かな体況の評価で一般の医療保険への加入も

ここで、一般の医療保険の特別条件について考えてみましょう。条件には次のようなものがあります。

＜特定部位不担保法＞

> 普通保険約款に定められた特定部位があり、その部位（一般に番号で表される）が不担保とされると、当該疾患との因果関係の有無にかかわらず、その部位について生じた疾病（法定・指定伝染病は除く）による入院・手術給付金は支払われないという特別条件です。ただし、災害による入院・手術給付金は支払われます。

＜特別保険料領収法＞

> 保険金額・年齢・性別などから設定される通常の保険料に、病気や死亡などが発生する危険度に応じた特別保険料（割増保険料）を上乗せした保険料で、保険契約に加入するという特別条件です。

一部の生命保険会社では、特定部位不担保法しか使っていない会社があります。つまり、お客さまがある疾患に罹患していて、その疾患の部位が普通保険約款に規定する部位不担保に該当しなけれ

ば、医療保険に加入できません。

　また高血圧、脂質異常症、高尿酸血症、貧血など全身におよぶ疾患のときも加入できません。その結果、限定告知型医療保険が提案されることになります。

　一方、特別保険料領収法を使っている医療保険であれば、保険料を割り増すことで高血圧、脂質異常症、高尿酸血症であっても加入することができます。このときの保険料は、限定告知型医療保険のそれよりも安いかもしれません。

　生命保険会社にきめ細かく体況を評価してもらえば、保険料の高い限定告知型医療保険に加入することなく、適正な特別保険料を付加して一般の医療保険に加入することができることになります。

　つまり、医療保険と限定告知型医療保険には、保険料のギャップがあり、この間の保険料で医療保険に加入できるお客さまがいるというわけです。この場合、お客さまから特別条件承諾書に署名と押印をもらうことになり、募集活動に一手間かかるので、募集人の皆さんには迷惑な話かもしれません。でも、この一手間こそがお客さまの信頼を得る手段になるのではないでしょうか。

2.「引受基準緩和型商品専用告知書」②

<質問事項>

1. 最近3ヵ月以内に、入院、手術、検査のいずれかをすすめられたことがありますか。または、現在入院中ですか。
2. 過去2年以内に、別表1の病気で入院をしたことがありますか。
3. 過去2年以内に、糖尿病（高血糖や糖尿病の疑いを含む）で入院をしたことがありますか。または、過去2年以内に、糖尿病の合併症（網膜症、腎症、下腿皮膚かいよう）で医師の診察、検査、治療、投薬のいずれかを受けたことがありますか。
4. 過去5年以内に、別表2の病気や異常で入院または医師の診察、検査、治療、投薬のいずれかを受けたことがありますか。

【別表1】脳卒中（くも膜下出血・脳内出血・脳こうそく）、心筋こうそく、狭心症、不整脈、こうげん病（関節リウマチ〈若年性関節炎を含む〉・結節性多発動脈炎・全身性エリテマトーデス〈SLE〉・皮膚筋炎・強皮症）、かいよう性大腸炎、クローン病（限局性腸炎）

【別表2】ガン、上皮内新生物、慢性肝炎、慢性ウイルス肝炎、肝硬変、肺気腫、慢性気管支炎、慢性腎炎、免疫不全症、筋強直性障害、先天性ミオパチー、筋ジストロフィー、統合失調症、うつ病、躁うつ病、アルコール依存症、薬物依存症、認知症

　別表1の病気と診断確定されている場合を除く、下記の病気や異常

> 心筋症、心肥大、心奇形、先天性心臓病、動脈りゅう、動静脈奇形、一過性脳虚血発作、動脈の閉塞・狭窄、弁膜症

●古典的こうげん病には6つの種類がある

　この引受基準緩和型商品専用告知書の別表1は、日本人の3大死因を回避できるような質問です。ガン・糖尿病とその合併症・心臓病と脳卒中を含む循環器疾患を除いています。加えて「自己免疫疾患」と「炎症性腸疾患」も除いています。

　こうげん（膠原）病は、自己免疫疾患の代表格ですが、これには「①全身性エリテマトーデス」「②リウマチ熱」「③強皮症」「④皮膚筋炎および多発性筋炎」「⑤結節性多発性動脈周囲炎」「⑥関節リウマチ」の6疾患が含まれ、古典的こうげん病と呼ばれています。近年、リウマチ熱は原因がA群溶連菌感染とわかり除外されました。

　現在ではこれらの疾患に加えて、シェーグレン症候群、混合性結合組織病（MCTD）、ウェゲナー肉芽腫症、高安動脈炎（大動脈炎症候群）、側頭動脈炎、好酸球性筋膜炎、成人スティル病、強直性脊椎炎、乾癬性関節炎、ベーチェット病、サルコイドーシス、バージャー病（閉塞性血栓血管炎）などもこうげん病関連疾患と考えられています。

　ここで、こうげん（膠原）病（collagen disease）とは、病理学者Paul Klemperer（1887-1964）が1942年に提唱した疾患概念です。病気が特定の臓器障害から起こるとする「臓器病理学」の立場を離れ、こうげん病が全身の「結合組織」が病変の主座であることを示

しました。こうげん病の病理組織学的変化としてフィブリノイド変性が共通して見られます。こうげん病の特徴を列挙すると、次のようなものです。

(1)原因不明の疾患
(2)全身性炎症性疾患
　発熱、体重減少、倦怠感、易疲労感
(3)多臓器疾患
　皮膚、関節、腎臓、肺、心臓、神経、筋、消化器、眼、血液
(4)慢性疾患
　再燃と寛解を繰り返す
(5)結合組織のフィブリノイド変性
(6)自己免疫疾患

　炎症性腸疾患（inflammatory bowel disease；IBD）とは、主として消化管に原因不明の炎症を起こす慢性疾患の総称で、「潰瘍性大腸炎（ulcerative colitis）」と「クローン病（Crohn's disease）」の2疾患からなります。いずれの疾患も若年者に多く、症状も共通していて、再燃と寛解を繰り返すことが多いです。

● **筋神経変性疾患や精神科疾患は除かれる**
　さらに引受基準緩和型商品専用告知書の別表2では、筋神経変性疾患、精神科疾患を除いています。
　筋神経変性疾患には、筋肉が障害される「筋強直性障害」「先天性ミオパチー」「筋ジストロフィー」と、神経が障害される「ALS」「MS」と、神経筋接合部の自己免疫疾患である「重症筋無力症」があります。

＜筋疾患・神経筋接合部疾患＞

　筋疾患・神経筋接合部疾患とは、筋萎縮・筋力低下や運動麻痺などの骨格筋障害の原因が、筋自体にあり、神経によるものではない疾患を示します。骨格筋が障害されるものと神経筋接合部が障害されるものに分けられます。
　神経筋接合部障害を原因とするものには、自己免疫が原因の重症筋無力症と悪性しゅようが原因のラムバート・イートン症候群があります。
　骨格筋障害を原因とするものには、遺伝が原因の進行性筋ジストロフィー・先天性ミオパチー・筋強直性ジストロフィーと自己免疫が原因の多発筋炎があります。

＜神経変性疾患＞

　神経変性疾患とは、脳や脊髄からなる中枢神経系に発症し、特定の神経細胞群が徐々に障害を受け脱落していく疾患です。原因は不明です。脱落する神経細胞群は病気により異なりますが、次の4つに分類することができます。
　①円滑な運動ができなくなる疾患：パーキンソン病，パーキンソン症候群（多系統萎縮症、進行性核上性麻痺など）など
　②体のバランスが取れなくなる疾患：脊髄小脳変性症，一部の痙性対麻痺など
　③筋力低下を起こす疾患：筋萎縮性側索硬化症など
　④認知機能が障害される疾患：アルツハイマー病，レビー小体型認知症，皮質基底核変性症など

別表1と別表2に列挙された疾患を告知しないと告知義務違反を問われますが、記載されていない疾患であれば、たとえ重篤な疾患であっても告知義務違反にならないと考えられます。重篤な疾患こそ、引受基準緩和型保険を利用すべきでしょう。

●新保険法は保険契約者の保護が目的

2010年4月から新しい保険法が施行されました。これまでの保険に関する商法の規定から、単独の法律として制定し現代社会に合った内容になりました。保険契約者の保護を図ることが目的です。この新保険法には次のような条項があります。

> 「保険契約者または被保険者になる者は、生命保険契約の締結に際し、保険事故の発生の可能性（危険）に関する重要な事項のうち保険者になる者が<u>告知を求めたもの（告知事項）について、事実の告知をしなければならない。</u>」（保険法37条）

ここで「保険者になる者」とは生命保険会社や損害保険会社のことです。「告知を求めたもの（告知事項）」とは、告知書で質問されていることで、これについては回答を告知しなければなりません。すなわち質問応答義務があるということです。

この条項を裏読みすると、**告知を求めないものについては、事実の告知をしなくてもよい**ということになります。

3.「引受基準緩和型終身医療保険専用告知書」

<質問事項>

- ・最近の健康状態
1. 最近3ヵ月以内に、医師により入院・手術をすすめられたことがありますか。
- ・過去2年以内の健康状態
2. 過去2年以内に、病気やケガで入院したこと、または手術を受けたことがありますか。
- ・過去5年以内の健康状態
3. 過去5年以内に、ガン（白血病、肉腫、悪性リンパ腫などの悪性しゅよう、上皮内ガンを含みます。）、肝硬変、慢性肝炎と医師に診断されたことがありますか。

●循環器系や脳血管疾患の既往なら加入可

　入院については、治療のための入院、検査入院（人間ドック・健康診断を除く）、糖尿病等による教育入院のいずれの場合も含みます。ただし、正常分娩のための入院は除きます。

　手術については、帝王切開、内視鏡手術、レーザー手術、体外衝撃波による結石破砕術も含みます。診断については、はじめての診断だけでなく、再発の診断、転移による診断も含みます。

　循環器系疾患と脳血管疾患の既往があっても加入できそうです。5年以内にガンあるいは肝硬変と診断されていると、この会社の医

療保険への加入はできないようです。

　健康状態も、過去5年以内、過去2年以内と最近3ヵ月以内と分けて質問していますが、「過去2年以内に、病気やケガで入院したこと、または手術を受けたことがありますか。」という質問では、**過去2年以内に何らかの入院や手術があれば、たとえ完治していても医療保険に加入できないことになります**。一般の医療保険で、詳細に告知すれば入れるのかもしれません。

　「なお、上記の質問事項のいずれかに当てはまる場合でも、健康状態などについて詳細な告知をいただくことや、医師の診査を受けることなどにより、他の保険にお申込みいただくことができます。ただしその場合、告知内容や診査結果などにより、特別な条件付（保険料の割増、保険金・給付金の削減、特定部位不担保等）のうえでお引き受けさせていただく場合や、ご契約をお断りさせていただく場合があります。」と注記があります。

　すなわち、**保険料の高い引受基準緩和型医療保険に加入するよりも、もっと条件の良い状態で一般の医療保険に加入できる**ということです。たとえば、特定部位不担保なら保険料は変わりません。

4．「低解約返戻金型介護認定一時金給付保険(一時払)専用告知書」

＜質問事項＞

1．過去に公的介護保険制度における受給認定（要支援を含む）を受けたことがありますか。または厚生労働省が規定する障害者（身体障害1-6級、もしくは精神障害、知的障害）に認定されたことがありますか。
2．現在入院していますか。または、過去3ヵ月以内に医師により入院・手術・検査をすすめられたことがありますか。
3．過去5年以内に下記の項目について医師の診断・検査・治療を受けたことがありますか。または、医師による助言を受けたことがありますか。
　①急性心筋こうそく、うっ血性心不全、心筋症による心臓病や心疾患
　②脳卒中（脳出血、脳こうそく、くも膜下出血）
　③慢性閉塞性肺疾患、肝硬変、慢性腎不全による慢性疾患で6ヵ月もしくはそれ以上の継続治療が必要なもの
　④認知症、統合失調症、パーキンソン病
4．過去の2年以内に健康診断、ガン検診または人間ドックを受けたことがありますか。
　※健康診断・ガン検診・人間ドックとは健康維持・病気の早期発見のための診察・検査をいい、「定期健康診査」および自発的に受けた「脳ドック」「PET検診」「生活習慣病予防検診」などの検診や診査を含みます。

受けた の場合、異常（要精密検査・要治療）を指摘されたことがありますか。
　5．以下の動作の中で、現在介助なしに行えないものがありますか。
　　①電話をかける
　　②買物に行く
　　③金銭を管理する
　　④自動車を運転する
　　⑤公共の交通機関を利用する

●脳卒中は介護認定される確率が高い

　介護認定を受けたことがあるか、障害者手帳（身体障害者手帳・精神障害保健福祉手帳・療育手帳（愛護手帳））の交付を受けている場合には、介護保険に加入することは困難です。

　3の質問は、近い将来に要介護状態になる可能性の高い疾患のリストです。これを少し解説しましょう。
　たとえば②脳卒中（脳出血、脳こうそく、くも膜下出血）と記載があります。脳卒中とは、脳血管に急激な破綻（閉塞や出血）を起こすことにより、意識障害と神経系脱落症状（運動・知覚障害など）が急激に起こる病態です。具体的にいうと、命が助かっても半身麻痺を起こし認知症となるということです。

　脳卒中は、要介護状態である寝たきり状態になる原因の約60％を占めています。これに脳血管性認知症があるのですから、脳卒中は介護認定される確率が非常に高いことがわかりますね。

さて、脳卒中は、脳の血管が詰まる脳こうそくと脳の血管が破裂する脳出血に分けられます。脳出血による死亡率は減少しましたが、食生活の欧米化により脳こうそくによる死亡率は増加しています。

　日本国内にはじめてX線CTが設置されたのは1975年のことで、東京女子医大に英国EMI社のMK-1が東芝経由で導入されました。脳卒中の死亡率が減少したのも、このCT検査による脳卒中の早期診断が可能になったからでしょう。
　脳出血とは、脳内において、脳動脈あるいは脳動静脈奇形が破れることにより、脳内で出血を起こす疾患です。この特殊なものがくも膜下出血で、主に脳動脈瘤が破裂して起こります。

　脳こうそく（梗塞）とは、脳血管内にコレステロールの塊ができたり、血栓が流れてきて脳血管を詰まらせたり、脳動脈が硬化して詰まることにより起こる疾患です。

　その他、脳の狭心症とでもいえる一過性脳虚血発作（TIA）があります。つまりTIAは、脳こうそくの前駆症状と考えられています。その症状は24時間以内に消失します。さらに24時間以上続いていて、3週間以内に完全に消失するものを可逆性虚血性神経脱落症状（reversible ischemic neurologic disability；RIND）といいます。

　5の質問は、契約年齢70歳からの人を対象としたもので、入院はしていなくても老人ホームなどの介護施設に入所している高齢者は、このいずれかに該当するものと思います。自らが自動車の運転をすることができているなら、かなり健康な高齢者であることが担保されますね。

PART2 ■告知書の質問事項と記入のポイント

資料②＜告知書（例）＞

告知書

○○○○生命保険株式会社　　御中

告知日	平成　　年　　月　　日

被保険者	フリガナ		性別	生年月日	平成　　年　　月　　日
	氏名（自署）	様	1 男　2 女	職業	勤務先名・職業名／仕事の具体的内容

体格	身長　　　　cm　体重　　　　kg	喫煙	1 ある　2 ない　1日平均　　　本

すべての方がご回答ください。

3ヵ月以内の受診歴	1	最近3ヵ月以内に、医師の診察・検査・投薬を受けたことがありますか。	1 いいえ　2 はい
5年以内の受診歴	2	過去5年以内に、病気やケガで初診日から最終受診日まで7日以上の期間にわたり、医師の診察・検査・治療を受けたこと、または7日分以上の投薬を受けたことがありますか。	1 いいえ　2 はい
	3	過去5年以内に、病気やケガで手術を受けたことがありますか。	1 いいえ　2 はい
がん診断歴	4	今までに、「がん」または「上皮内がん」と診断されたことがありますか。	1 いいえ　2 はい
2年以内の健康診断	5	過去2年以内に健康診断・人間ドック・がん検診を受けて、以下の【臓器】【検査】で、「要再検査/要精密検査/要治療」を指摘されたことがありますか。	1 いいえ　2 はい
お体の障がい	6	現在、以下①～③のいずれかがありますか。①視力（左右いずれかの視力が矯正しても0.3以下の場合）・聴力・言語・そしゃく機能の障がい ②手・足・指の欠損または機能の障がい ③背骨（脊柱）の変形または障がい	1 いいえ　2 はい

満16歳以上の女性のみご回答ください。

女性の方	7	現在、妊娠していますか。	1 いいえ　2 はい

がん保障をお申込みの方のみご回答ください。

がん保障お申込みの方	8	過去2年以内に、以下①～③いずれかの病気や所見で、医師から定期的な診察・検査を受けるように指導されたことがありますか。①ポリープ・しゅよう（例：胃ポリープ、大腸ポリープ、胆のうポリープ、子宮ポリープ、卵巣しゅよう、卵巣のう腫、子宮筋腫、ポリポーシス）②乳房の異常（例：しこり、しゅりゅう、乳腺症、マンモグラフィー・乳腺エコー検査の異常、石灰化）③B型肝炎ウィルスキャリア・C型肝炎ウィルスキャリア	1 いいえ　2 はい

介護保障をお申込みの方のみご回答ください。

介護保障をお申込みの方	9	現在、公的介護保険制度の要介護または要支援の認定を受けていますか、または、認定申請を行っていますか。	1 いいえ　2 はい
	10	現在、以下①～⑦の日常生活の動作のいずれかにおいて、他の方の介助または補助具を必要としますか。①歩行　②食事　③排せつ　④入浴　⑤衣服の着替え　⑥店での買い物　⑦公共の交通機関の利用	1 いいえ　2 はい

＜告知書（例）の記入要領＞

①「被保険者」欄には被保険者の氏名、生年月日等を記入し、関連して「職業」欄に勤務先（職業）と仕事の具体的内容、「体格」欄に身長・体重、「喫煙」欄に喫煙の状況を忘れずに記入してください。

② 1から10までの質問事項に「1いいえ」「2はい」で答え、「2はい」の場合には裏面の「詳細記入欄」に「病気やケガの名前」「診察・検査・治療等期間」「入院時期・期間」「手術時期・手術名」「原因・治療内容・検査結果・経過」等について詳細に記入してください。

③「すべての方がご回答ください」欄の「3ヵ月以内の受診歴」「5年以内の受診歴」「がん診断歴」「2年以内の健康診断」「お体の障がい」の1から6についてはすべての被保険者に確認して「1いいえ」「2はい」をマルで囲んでください。

④「満16歳以上の女性のみご回答ください」欄の「女性の方」については「1いいえ」「2はい」で答えてください。

⑤「がん保障をお申込みの方のみご回答ください」欄の「がん保障お申込みの方」については「がん治療支援保険」「がん診断保険」「がん診断特約」「がん通院特約」「抗がん剤治療特約」等を申し込んだ被保険者に確認して「1いいえ」「2はい」で答えてください。

⑥「介護保障をお申込みの方のみご回答ください」欄の「介護保障をお申込みの方」については「長生き終身支援」「重度介護家計保障特約」「重度介護保険料払込免除特約」「介護保障特約」等を申し込んだ被保険者に確認して「1いいえ」「2はい」で答えてください。

　「他の方の介助または補助具を必要としますか」とは、動作などを手助けしてもらわないと、日常生活の動作ができないことです。

＊「いいえ」「はい」は書類により並び方が異なるので注意が必要です。

PART 3
同意書・承諾書の説明と記入方法

PART 3 ■同意書・承諾書の説明と記入方法

1．お客さまの不安

●新契約成立の可否決定を能動的にコントロール

　一般に成功している人には高度に発達した本能のような感覚があります。それは、自分の経験を記憶し、その経験を学んだ知識や技術と組み合わせ、現在の必要とする状況下ですぐに応用できるという能力に基づくものです。

　ホッケーの伝説的選手ウェイン・グレツキーは、どのようにして多得点を達成できるようになったかを尋ねられたとき、「パックが動く所へ行くことさ」と答えています。確かに彼は2〜3パス前にすでにパックが向かう場所を知っていました。

　また、将棋棋士の羽生十九世名人も著書「決断力」の中で、自らの「勝ちに向かう思考法」を解析して直感力を重視すると述べています。

　数年以上の営業経験がある保険募集人の皆さんは、加入されたお客さまの健康状態がすぐれないとわかったとき、査定結果で不成立となることを、とても不安に感じるのではないでしょうか。もちろん、申込契約の成立の可否はお客さまにとっても大きな心配事です。

　しかし、保険会社には臨床検査の結果、確認報告書、主治医の診

断書、支払済の給付請求診断書など多くの情報源があります。最終の査定結果を保険募集人が直接知ることはできませんが、もしお客さまの健康状態を聞くためのわずかな時間を惜しまなければ、新契約の成立の可能性を高めることができます。

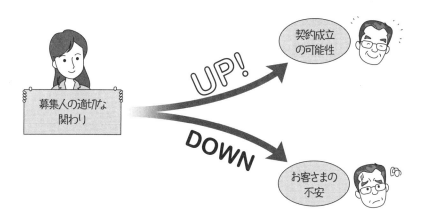

つまり、新契約成立の可否決定を、受け身ではなく、能動的にコントロールしていくことができるということなのです。

2．見込客の保険料率、特約、条件変更に対する受容度

●申込前に契約の受諾の可能性を確かめる

　特価商品のチラシ広告を見て、それを買うためにお店へ行ったところ、その商品はありませんでした。すると、その店舗の販売員が「申し訳ございません。その商品は品切れですが、同じ性能のこちらの商品ならございます」と言って、より高額な代替商品を提案してきたら、どうでしょうか？　たぶん皆さんはその店を良く思わないか、だまされたと感じるのではないでしょうか。意図的なおとり販売は道義に反するだけでなく違法にもなりかねません。

　では、皆さんがお客さまへ提示した最初の保険料より、査定後の最終保険料が大幅に高くなった場合を考えてみましょう。お客さまはその保険契約の保険料に疑問を抱くのではないでしょうか。この反応が起こる可能性が高いのは、被保険者の健康状態次第で特別な保険料が付加されたり、契約条件の変更の可能性があるということについて、保険募集人がわかっていたにもかかわらず、お客さまに十分伝えずに保険販売の面接を終了したような場合でしょう。

　医師による診査が実施される前に、お客さまの健康状態が知りたいのは皆さんも同じなのではないかと思います。そうすれば、お客さまの病歴（現症・既往症）を診査後にはじめて知って驚くという心配はなくなります。その対策として、申込み前に新契約引受査定部門とやりとりすること（事前照会など）で、申込契約の受諾の可能性を確かめる方法があります。

この事前照会を使えば、申込書提出前に医的診査結果が出ているわけですから、突然の不成立や特別条件付などの心配はなくなります。しかし、すべての契約を事前照会するのは、コストや営業活動の効率性からすれば現実的ではありません。

事前照会すれば査定の心配はない　　　　すべて照会するわけには…

　そこで、日常的に皆さんができることを考えてみましょう。
　それは、お客さまの身体状況について気を配ることを習慣にすることです。

●多方面に気を配りお客さんの信頼を高める
　常日頃から気をつけていれば、標準体として加入できないケースも予想できるようになるものです。

　もしも、特別保険料付加などの契約条件の変更が予期されるときは、お客さまとその可能性を話し合ったらよいかもしれません。それにより、お客さまに割増保険料や特別な条件に対する準備をしてもらうことができます。
　特別保険料や特別条件の承諾に対するお客さまの許容度を探ることもできます。多方面に気を配る営業姿勢は、お客さまの信頼度を高めてくれるのではないでしょうか。

3．同意書・承諾書と守秘義務について

●承諾書に加えさまざまな情報を説明する

　新契約申込書に付随する承諾書や同意書に不備があると、引受査定が不必要に遅延します。また、契約確認についての事前の説明不足は、しばしばお客さまと調査員の間でトラブルを引き起こし、引受査定の遅延につながります。

　このようなトラブルは同意書や告知の注意事項をお客さまに説明する少しの時間を取ることで避けられます。

　個人情報保護法の施行などもあり、プライバシー情報の守秘性とその保護はきわめて重要な問題となっています。皆さんも診断書の取寄せ承諾書、血液検査等の同意書、告知書、保険申込書などの取扱いに敏感になっていると思います。

　医療上の精密検査を受ける場合、なぜその検査を受けなければならないのかを知りたいと思うのが普通です。それはお客さまの立場からしても当然のことです。**そのため私たちは、お客さまが診査を受ける前に承諾書を読んでいただき、納得のうえで署名をいただくことをルールとしています。**

　ここでの同意は、保険会社がお客さまの医的な面を含めたプライバシー情報に触れ、その情報を再保険会社と共有することへの許可を与える承諾書にも適用されます。

　募集人の皆さんは、診断書取り寄せのための承諾書のみだけでなく、契約確認、LINC制度などについてもお客さまへ説明すること

が義務づけられています。お客さまとしても、契約確認や個人の医療記録その他情報の利用範囲等について知らせてほしいと思うはずです。もちろんお客さまのプライバシー情報について、守秘義務が課せられていることは言うまでもありません。

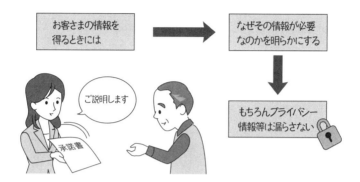

コラム 眼が悪いと保険に入れない？

　眼の病気には、白内障、緑内障、黄斑変性症、糖尿病性網膜症、ぶどう膜炎などさまざまなものがあります。また、全身性疾患の部分症状として眼症状が起こることもあります。眼が悪くなるとすぐに日常生活に支障を来すので、眼疾患はとても重要です。

　さらに、生命保険会社は眼疾患について特に敏感です。というのも両眼を失明すると高度障害状態となり、死亡保険金相当額の高度障害保険金を支払うことになるからです。普通保険約款には、7つの高度障害状態の一つとして「両眼の視力を全く永久に失ったもの」と定義されています。

　したがって、強度近視や眼疾患を罹患していると生命保険や医療保険への加入が困難なことがあります。

PART 4
募集人報告書・添え状の活用方法

PART 4 ■募集人報告書・添え状の活用方法

1．募集人報告書について

●保障の目的についてきちんと記入する

　多くの新契約申込書には、募集人報告書または募集人報告欄があります。皆さんが記入する契約者や被保険者の情報は、査定者にとっても大事なものです。

　募集人報告書には、被保険者の観察結果を書くスペースがあり、保障の目的なども報告するようになっています。**必要情報をきちんと記入している募集人報告書は、査定者にとって添え状と同じくらいの価値があります。**

　しかし、保障の目的に関する募集人報告書は査定者にとって悩ましい記載が多いものです。保険加入の目的が事業ローンの担保であるなら、そのように書いてもらえばよいのですが、回答欄が空欄だったり、役員の加入と簡単に書くようなケースが後を絶ちません。

募集人報告書は査定者にとって大切な情報

たとえば、ローン保障のための契約は純粋な役員保険とは異なる基準で査定されるのですが、その点が不明瞭であれば、引受査定者が事業保障のための保険だと誤解し、追加資料の徴収による成立遅延の可能性を拡大させることになります。

コラム 注射は手術？ 手術でない？

射だけでは手術給付金の対象とならないことはご存知ですか。というのも、普通保険約款が規定する手術の定義は、「治療を直接の目的として、器具を用い、生体に切断、摘除などの操作を加えることをいい、手術番号1～88番に定めるものをいいます。吸引、穿刺などの処置および神経ブロックは除きます」とされているからです。

注射針を刺すのは、この定義の穿刺などに該当します。ペインクリニックで行われる神経ブロックも注射ですから、当然手術に該当しません。その他に痔核の手術として行われるジオン注射（硬化療法・四段階注射法）があります。これは痔核を切り取るものではなく、痔核に注射をして薬を注入するものです。

ところが、ファイバースコープを用いて注射する食道静脈瘤硬化術（内視鏡的静脈瘤硬化療法）は、手術給付金の対象です。器具を用いた注射だからでしょうか。この手術を受けるということは、肝硬変が進行している証左ですから、重病状態ということに変わりはありませんが…。

もしかすると、手術支援ロボットの「ダ・ヴィンチ」を使って注射したら、手術給付金の対象となるかもしれません。注射も悩ましい問題です。

2. 添え状のすすめ

●添え状を活用して引受査定者を味方につける

　現実の新契約の引受査定現場では、新契約の申込みを引き受けるかどうかの判断に迷うことは少なくなく、微妙で複雑な新契約事案の意思決定に際して、査定者が本当に必要とする詳細な情報は、保険申込書や告知書だけではわからないことが多いものです。

　査定者は実際に会ったことのない人の健康状態を、保険申込書と告知書に書かれた内容のみで判断しているのです。

　したがって、査定者は日々ストレスを抱えていて、普段は素直で正直な引受査定者であったとしても、仕事中は疑い深い性格に変わってしまいます。申込書や告知書に書かれている内容が不十分だと感じた瞬間に「これはおかしい、何か隠れているのではないか？」と疑う癖がついています。

　引受査定者にとって、申込書や告知書は唯一絶対のものです。見方を変えれば、**査定者が判断に迷わないような申込書や告知書を新契約査定部門に送ることができるなら、募集人の皆さんは引受査定者を味方につけることができます**。その味方につける方法とは「添え状」を書くことです。

　この添え状が、先に述べた事前照会と同じような効果をもたらすのです。

PART4 ■募集人報告書・添え状の活用方法

仕事は告知書の裏を読むこと

　添え状には多くのスタイルがあります。特に決まった様式が定められているわけではありません。しかし、日常的には次のようなものが使われています。

■個人の便箋に印字された公式な手紙
■eメール
■申込書に添付された短い手書きノート

●添え状は有益で貴重なコミュニケーション手段
　鍵となる重要なことは、われわれが「添え状」と呼ぶこれらは、「保険募集人の方々」と「新契約引受査定者」との有益で貴重なコミュニケーション手段であるということです。

　添え状は、査定者たちが正しい判断を下すための必要な情報を伝えます。査定者たちは添え状の情報により申込書類上に記載された物語の行間を埋めることができるのです。添え状は未完成な申込書類の残りの部分を補ってくれるものなのです。

3．添え状の効果

●添え状は短くても核心を突いたものを

　しかし、どんな添え状でもよいかというと、そうではありません。良い添え状は、かゆいところに手が届きます。査定のための生産的情報を含み、必要なポイントを押さえています。査定者に正しい判断をさせ、お客さまと募集人の皆さんとの関係をWIN－WINにします。

　一方、悪い添え状は何を伝えたいのかがわからない、単なる文字の羅列です。契約成立の判断の拠り所となる情報などはなく、どうでもいいようなことが延々と書き綴られています。このような添え状は、読む時間がムダなだけでなく、募集人に対する査定者の心証をも悪くしてしまいます。査定者は文学的な表現を求めているわけではなく、新契約の査定に際して必要な情報を求めているのです。本当の添え状は、短くても核心を突いています。

　添え状の有効性を明らかにするのに役立つ、ある話を紹介しましょう。今から10数年前、筆者が大手生命保険会社の危険選択部門の査定医として働いていたときの話です。筆者は40歳の男性弁護士が被保険者である申込書と診査書を見ていました。被保険者の年齢と申込保険金額から、安静時心電図検査と胸部X線写真も添付されていました。

　しかし、残念ながら心電図検査が正常ではありませんでした。安静時心拍数が1分間に42回しかなかったのです。これは洞性徐脈（低

心拍数）と呼ばれる状態です。健康な成人の平均安静時心拍数は1分間に70回であり、これよりも28回も少ないのです。

さらに、低心拍数に加えて心電図の波形もいわゆる第一度房室ブロックを示していました。簡単に言い換えると、心筋を流れる電気刺激が少なくなっている状態です。その電気刺激は心筋を収縮させ血液を押し出す働きをします。

その被保険者が無条件で加入できる可能性は、心電図検査所見によりすでになかったのですが、胸部X線写真が軽度心肥大を示したことがさらなる決め手となりました。私は、その引受けリスクを「高度特別条件付」と評価しました。

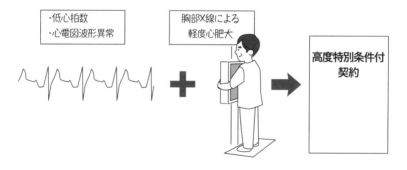

●募集人の電話で隠された事実に気がつく

査定結果を通知して約1週間後、かなり動揺した電話をある募集人から受けました。彼は興奮していました。私も、受話器を耳と肩の間に挟み、受話器の向こうの募集人に「こんな体況では全然ダメだ。標準体で加入できるわけがない！」といら立って声を発していました。

その募集人は電話を切ろうとしませんでしたが、私は切ろうと決

心しました。そして「この案件の話はおしまいだ」と言いました。しかし、最後に募集人が言ったひとことですべてが変わったのです。「被保険者は昨年ボストンマラソンを完走した人なんです。そんな人でも特別条件付になるんですか…」と。

募集人のその言葉を聞いて、私もはじめて隠されていた事実に気がつきました。

その後のヒアリングでわかったのですが、この被保険者は長距離走者であり、毎週60キロメートル走ることを趣味にしていたのです。心電図検査と胸部Ｘ線検査の結果は、俗にいう「カウチポテト族」の心臓疾患を示唆するものでしたが、彼の心臓は心臓専門医が「スポーツ心臓症候群」と呼ぶものだったのです。

心拍数が少なく、肥大していると思われたのは、強い運動能力と見事な心肺機能に彼の心臓が適応した結果によるものであり、まったく無害な生理的変化の結果だったのです。

●スポーツ愛好家である事実を伝える

この問題の鍵は何であったのでしょうか。答えは「この被保険者がフルマラソンを走れるほどに高度に訓練をしたスポーツ愛好家であった」という事実です。

これについて考えてみましょう。皆さんの保険会社の申込書に、マラソンを走ることについての質問があるでしょうか。その保険申込者が純粋なスポーツ愛好家であるのか、それともせいぜいベンチプレスをする程度の人であるのかを、どのようにして査定者が区別できるのでしょう。

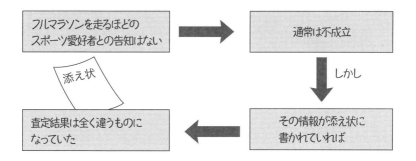

　この例の場合、申込書とともに「添え状」があって、そこにフルマラソンを走れるぐらいのスポーツ愛好家であるとひとこと書かれていれば、最初から査定結果がどうなっていたのか、皆さんはすでにおわかりですね。募集人と筆者は貴重な時間をムダにすることはなかったはずです。

4．添え状のトピック例

●査定に必要な情報をもれなく記載する

　添え状に書いてほしい情報は、基本的には新契約査定上に必要なものであれば何でもいいのですが、次のような項目があれば査定上とても有用です。

- 申込書提出の前に皆さんが査定者と話し合ったこと
  - →お客さまの特別条件に関する許容度等がわかる
- 申込保険金額の正当性
  - →被保険者の年収に対する保険金額の妥当性等がわかる
- 保障の目的
  - →家族に対する保障なのか、企業保障なのかにより引受査定上の判断が違うこともある
- 特別な契約者、受取人、保険料負担者である場合、そこにある理由の説明
  - →保険金受取人が第三者となっているのか等のモラルリスクがわかることもある
- 関連する申込書の数（特にそれらが同時に提出されない場合）
  - →同時期多数契約加入であれば、その理由等を把握する必要がある
- 微妙な治療歴の詳細
  - →アルコール、薬物乱用、精神障害等がわかる
- 犯罪記録、破産や関連する財務上の問題
  - →自殺の恐れがないか等がわかる
- 一般的でない、または特別保険料が課される職業や趣味の詳

> 細
>   →スカイダイビングなどの危険な趣味等があれば査定上の判断が異なる
> ・顧客が服用している薬剤の詳細（処方薬と市販薬の両方）
>   →サプリメントと治療薬では天と地ほどの差がある
> ・査定上問題となる可能性がある地域への海外旅行計画の詳細
>   →伝染病罹患の可能性等がわかる
> ・予想される問題への説明など査定要求事項を完記することに必要可能性のある問題
>   →クレーマーに変貌してしまう恐れがないか等がわかる
> ・他社加入状況の詳細
>   →保険金詐欺を疑う必要はないか等がわかる
> ・この案件が皆さんにとって特別に重要であるかの率直でざっくばらんな説明
>   →査定者も人間。厳格な中にも人情が入ることもある

●内容を被保険者に確認し署名をつける

　添え状は保険募集人と査定者の情報交換の場です。状況に応じて必要なだけの長さであるべきです。この点においては短いことが常に有用であるとは限りません。

　皆さんが添え状で提供する情報が、契約上に必要な被保険者の告知を補完するものと判断される場合もあります。告知書では読み取れない過去の病歴や現在の症状などが添え状に書かれている場合などのケースです。

これは貴重な情報ではありますが、一方で、その記述が正しいものであるかどうかの判断は受け取る側の査定者にはわかりません。そのため、添え状の内容が正しいものであることを被保険者に確認していただき、さらに署名をいただき、その上に証人としての署名もつけた添え状にするのです（保険会社に何か特別な規定がある場合は、その規定に従ってください）。

　こうすることで、査定者は告知書と添え状の情報を総合的に検討して判断することができるようになります。必要十分な情報が揃うことで、新契約査定上の判断も早くなります。スピーディーな契約の成立は、皆さんと申込者の心配事をひとつ減らすことになるでしょう。

　添え状は、皆さんと査定者を仕事のできる人間に変えていきます。成功している募集人は、常に一流の添え状作家です。彼らの新契約は、まるで査定部門をそよ風の如く通過し、査定者の仕事の能率を高めます。

　他方、成功していない募集人は査定部門を非難し、彼らの仕事の能率を低下させます。

PART4 ■募集人報告書・添え状の活用方法

資料③＜募集人報告書（例）＞

募集人報告書
○○○○生命保険株式会社　　御中

契約者	契約者名	面談日	面談場所
		平成　　年　　月　　日	1 自宅　2 勤務先　3 代理店店舗　4 その他

被保険者	被保険者名	面談日	面談場所
		平成　　年　　月　　日	1 自宅　2 勤務先　3 代理店店舗　4 その他

確認事項		
	1 入院中・寝たきり・認知症でないこと、余命わずかでないことを確認しましたか？	1 はい　2 いいえ
	2 自発的加入申込みに該当しませんか？	1 はい　2 いいえ
	3 外観上「指の欠損」や「刺青（入れ墨）タトゥー」がないことを確認しましたか？	1 はい　2 いいえ
	4（被保険者が15歳未満のとき）同じ被保険者で他社の死亡保険契約がありますか？	1 はい　2 いいえ

募集形態	自己契約、特定契約、構成員契約に該当しますか？	1 はい　2 いいえ（「はい」に該当した場合は次に答えてください）	1 自己契約　2 特定契約 1 構成員契約　2 被保険者かつ保険料負担者が構成員の契約

被保険者	職業（勤務先名）	年収	勤続年数	役職
		万円	年	

謝絶経験	あり（　　　）頃　　なし

加入状況		左記のうち解約予定の契約はありますか？

本人確認書類番号	契約者	契約者	番号	本人確認書類	特定番号および記載項目	有効期限
	親権者・後見人	補定書類記入　親権者・後見人	1	運転免許証等	番号	有効期限内のもの
			2	パスポート	旅券番号	
			3	健康保険証	記号/番号/保険者番号	
			4	国民健康保険証		
			5	国民年金手帳	記号/番号	
			6	特別永住者証明書	番号	
			7	印鑑登録証明書	発行日/発行者	発行から6ヵ月以内

契約者が高齢者の場合	面接実施日	平成　　年　　月　　日	同席者の続柄	
	同席者の氏名		確認した募集人名	

募集人の署名		報告日	平成　　年　　月　　日

＜募集人報告書（例）の記入要領＞

①「契約者」欄には契約者の氏名、面談日、面談場所を記入してください。契約者と被保険者が同じ場合は、「被保険者」欄への記入は不要です。
②「確認事項」欄は1～4の項目（入院中・寝たきり・認知症等でないこと、自発的加入申込みに該当しないこと、指の欠損・タトゥーがないこと、同じ被保険者で他社の死亡保険契約の有無《被保険者が15歳未満のとき》）を確認したかどうかについて、当該部分をマルで囲んでください。
③「募集形態」欄は自己契約、特定契約、構成員契約に該当する場合は、「1はい」をマルで囲み次の質問に答えてください。
④被保険者の職業（勤務先）、年収、勤続年数、役職等について「被保険者」欄に記入します。
⑤「本人確認書類番号」欄には、契約者、親権者（後見人）それぞれについて、右の欄から確認に使用した書類を選択して記入してください。なお、合わせて補足書類で確認した場合は、その書類についても記入してください。
⑥契約者が高齢者の場合は（75歳以上の場合）、面談実施日、同席者の氏名、同席者の続柄、確認した募集人名をもれなく記入します。
⑦最後に「募集人の署名」欄に募集人が署名し、「報告日」欄に作成した日付を記入します。
＊募集人の署名および報告日の欄は記入を忘れがちなので、十分な注意が必要です。

PART 5
お客さまへの質問と診査の受け方

PART 5 ■お客さまへの質問と診査の受け方

1．5つの重要な質問

●お客さまに質問して回答してもらう

　特定の疾患や症状についての質問にお客さまが「はい」と告知書に記入したとき、募集人である皆さんがお客さまに質問し回答してもらうべき、「5つの重要な質問」があります。

　この質問に対する答えを忠実に記録するなら、その案件に対する追加資料の必要が減り、その新契約の引受承諾が早くなります。

<5つの重要な質問>

> ①病気は何ですか？
> 　→皆さんが正確な診断名を知らないとしても、どの器官系が罹患しているか、どんな症状があるかを説明することができますか。
> ②いつ診断されましたか？
> 　→最初の症状を起こしたのはいつですか？　月単位や年単位の告知でも十分です。
> ③最後に症状があったのはいつですか？
> 　→月単位や年単位の告知でも十分です。
> ④どのように治療されましたか？

> →可能な限り特定しましょう。「投薬」というなかれ。具体的な薬剤名を書きましょう。「手術」というなかれ。術式を告知しましょう。
> ⑤この病気を診察した臨床医は誰ですか?

この重要性を理解するのに役立つ事例をあげてみましょう。

あるとき25歳男性の告知書が、一人の査定者へ回されました。告知書には病名がはっきり書かれておらず、「腸炎、現在完治！」という記述しかありませんでした。腸炎は大腸の炎症のことです。

若年者によく見られる「腸炎」には、基本的に次の3つがあります。

・潰瘍性大腸炎　→一般に特別条件付きから引受不可です。
・過敏性腸症候群→生命保険の引受査定においては問題となることは少ないですが、就業不能保障保険においては重要な疾患です。
・急性腸炎　　　→食べ過ぎなどで起こる大腸の機能亢進状態、治ってしまえば本人以外の誰もが問題視しない疾患です。

●追加資料の提出で遅れる羽目に

　この被保険者の「腸炎」の原因疾患は、これらの疾患の中でどれに当てはまるのでしょうか。この記述だけでは、どんなコンピュータに入力しても正しい結果を出すことは不可能でしょう。「腸炎、現在完治！」というような病歴の告知は、どんな査定者に対しても価値ある情報にはなりえません。

　お客さまの病歴が下部消化管の機能に関係することを知る以外に、査定者は潰瘍性大腸炎のような引受査定上の重要な疾患なのか、それとも急性腸炎のようにまったく問題とならない疾患なのか、判断をすることができないのです。

　したがって、査定者は「腸炎、現在完治！」という告知を、重大な疾患が影に隠れている可能性もあると考えて、次の2つの追加資料を現場に要求するでしょう。

　・主治医の診断書（完治証明）　　・追加告知書

　こうなると、保険証券が送られる代わりに、新契約申込書等の書類は未決ファイルに保管されたままになってしまうことになります。**主治医の診断書が返送されてくるまでの時間は、早くても1週間、遅ければ1ヵ月またはそれ以上となることも珍しいことではありません。**

　募集人の皆さんも、お客さまに追加告知書を書いてもらうために、本来の営業以外の面接を行うことを余儀なくされるのです。余計な仕事に振り回され、本来の保険募集に注力することができなくなる

でしょう。

● **正しく告知されていれば診断書は不要**

　もし、この男性の告知書がもっと完全に記載され、「3ヵ月前の5月の休暇中、キャンプに出掛けて寝冷えしたのか腸炎となった。近医の救急外来を受診しロペミンの処方を受け完治。再発なし」とあったらどうでしょうか。

潰瘍性大腸炎と判断されるでしょうか。いいえ、違います。
過敏性腸症候群となるのでしょうか。いいえ、違います。

　実際には、この事例で「腸炎」という用語の使用は不適切です。実際には旅行者下痢症に類似したもので「感染性腸炎」という病名になりますので、主治医の診断書も必要ありません。救急外来の医師に診察されたのですから、かかりつけ医の診療録がなくても問題ありません。
　また追加告知書も不必要です。必要な情報は最初から告知書に記載されるべきでした。物語のように…。

　正しく告知されていたのであれば、初回の引受査定時に元受保険会社が承諾していたでしょう。

● **正確に病名を特定し告知する**

　5つの重要な質問のうち、「①病気は何ですか？」にある病名を特定することは特に重要です。というのも、その事案を査定評価するときの鍵となる言葉だからです。つまり、新契約引受査定者が査定標準表を参照するときの項目名となっているのです。

　単に「肝炎」と告知してはいけません。ウイルス性肝炎だけでも主に5種類の型があります。その他に、自己免疫、アルコール、肥満、薬剤などに関連する肝炎もあります。

　お客さまにどの型の「肝炎」に罹患したのかを聞いてください。査定者の視点からすると、**A型肝炎、C型肝炎、自己免疫性肝炎では、同じ肝炎でも査定上ではとても大きな違いがあります。**

　もう一つの例をあげましょう。皮膚ガンです。「基底細胞ガン」は一番発生頻度の高いヒトの皮膚ガンです。ほとんどが致死的とはなりませんし、就業不能となることもありません。ありふれた日光暴露による「扁平上皮ガン」（有棘細胞ガン）も同じです。一方、皮膚の「悪性黒色腫」はかなりの割合で転移し、気をつけなければいけないものです。

　もし皆さんのお客さまから「皮膚ガンを切除した」と告知されたなら、どんな種類のガンかを聞いてください。
　主治医の先生が「ガン」という言葉をつかうと、患者の大部分の人は「大丈夫なんですか？」と質問します。ですから、きっとお客

さまもその答え（＝ガンの種類）を知っているはずです。その情報は引受査定者にとっても、案件をどのように査定評価するかのポイントとなるでしょう。だからお客さまに聞いてみてください。

● **可能な限り初診日と終診日を告知してもらう**

3年前の基底細胞ガンの既往だけでは、主治医の医療証明書は必要とされません。逆に悪性黒色腫の既往や疑いは、どんな事案であっても慎重なる査定評価が必要で、査定者は病理組織診断書を求めることになるでしょう。

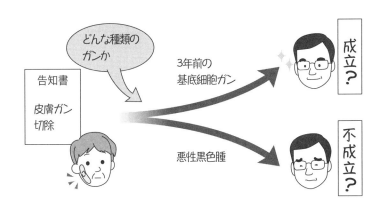

ある病気にかかったとしても、症状がない期間が長ければ長いほど、その病気が治癒している可能性が高いと考えるのが医療保険の引受査定の基本方針です。したがって、その情報が査定者に提供されることが必須です。

「②いつ診断されましたか？」にあるように、最初の症状を起こした日、「③最後に症状があったのはいつですか？」にある最後に症状があった日は重要です。**可能な限り発病日（または初診日）と終診日を正確にお客さまに告知してもらうことが大切です。**

●医療情報の有無により処理の扱いを決める

　ここに2人の子供がいるとしましょう。2人とも12歳の男の子で、生命保険の加入を希望しています。両人には同じ日に診断されたてんかんの持病があり、同じ薬を飲んでいます。彼らの死亡リスクはおそらく同じです。鍵となる指標は最終のてんかん発作がいつ起きたかです。

　もし一人の少年が申込日の5週間前に最終のてんかん発作を起こし、他方の少年が過去5年間てんかん発作がなかったとしたら、2人の引受査定評価はまったく異なる結果となるでしょう。

　症状の頻度にも注意すべきです。その他の状態がすべて同じと仮定するならば、花粉症の季節に年2回の喘息発作を起こす気管支喘息患者は、25回の喘息発作を起こした者よりもずっとリスクが低いことになります。

　「④どのように治療されましたか？」の質問も重要です。われわれが行っている新契約の引受査定者向けのセミナーにおいて、**個人**

がどのように治療されたのか（薬剤名と手術名）を正確に知ることが引受査定判断の鍵であることを、重要な考え方の一つとして常に強調しています。

この医療情報があるかないかによって、査定者は目の前にある申込書の処理を即決するか先延ばしにするかを判断します。このことは募集人の皆さんにとって重要な問題です。

●処方薬により結果が変わることもある

たとえば2人の見込客がいるとします。両者とも40歳代の男性で、それぞれメガバンクに勤務する将来を嘱望されるエリートです。3年前に2人は胸部不快感を経験し、すぐに内科医を受診しました。いずれも心臓専門医を紹介されて精密検査を受けています。

後でわかったのですが、両者とも同じ心臓専門医の診察を受けていました。

不幸なことに、この申込日のちょうど1年前からその心臓専門医は米国留学のため長期間不在の状態となりました。このリスクに対しては精密検査の詳細が極めて重要です。それぞれの初診時の内科主治医への照会によると、彼らをその心臓専門医へ紹介して以来、診察をしていないそうです。また2人の見込客のいずれもが、その心臓専門医からの医療報告書を入手できていません。

さて、どうしましょうか。

第1番目の男性は、トレッドミルによる負荷心電図検査を受けて結果は正常でした。必要なときに服用するよう、塩酸ジアゼパムが

処方されました。

　第2番目の男性は、トレッドミルによる負荷心電図検査とタリウムスキャンを受けました。健康状態は良好と言われ、毎日服用するための硝酸イソソルビドが処方されました。

　最初の事案は申込通りの標準体としての新契約引受がなされましたが、2番目はそうではありませんでした。2人の唯一の重要な違いは投薬内容でした。それにより査定者は適切に推定を行うことができたのです。

●具体的な薬剤名と術式名を記述する

　これと同じことが手術についても言うことができます。ここで、食道の手術を受けた2人の中年男性を想定してみましょう。最初の男性は食道の部分切除術を受け、2人目の男性は胃底皺襞形成術を受けました。

　もちろん、食道部分切除術はガンまたは前ガン状態を意味します。そうでないことが詳細な病理組織診断により証明されない限り「ガンの疑いあり」と判断されます。胃底皺襞形成術は、逆流性食道炎の治療方法で、最初の男性と同じような悲惨な査定結果とはならないはずです。

　「④」の質問には完璧に回答することが重要です。「投薬」というなかれ。具体的な薬剤名を書きましょう。「手術」というなかれ。術式名または少なくとも何をされたかを記述しましょう。

　最後の質問「⑤この病気を診察した臨床医は誰ですか？」では、具体的にどこの病院の何という医師に診察してもらったかをヒアリングします。

　保険募集人である皆さんが、お客さまの病歴を聴取するたびにこの5つの質問を意識し、その答えを完全に記録することを心がけてみてください。

●多くの情報で正確なリスク判断が可能に

　もしこれを実行するなら、皆さんにとって次のようなメリットがあるでしょう。

> ・新契約について、査定者からの追加の資料請求がほとんどなくなる。
> ・より多くの新契約案件が引受承諾される。しかもより早く。

　多くの的確な情報が査定者のもとに届けられることで、正確なリスク判断が可能になり、その結果、新契約処理がスムーズに運びます。

　皆さんのお客さまの申込みも未決箱に入ることなく、保険証券となって送られることになります。好ましくない査定結果となると思えた案件でも、詳細で完璧な報告によって引受可能となることもあるのです。

「不整脈」と告知するなかれ！

　不整脈は生命保険の新契約引受査定者が査定に困る告知です。心電図検査結果に基づく医師の正式な診断名が告知書に書かれていなければ、評価は厳しい方向へ傾きます。一般に病院の外来の心電図検査で見られる不整脈は、「心室性期外収縮」「洞頻脈」「心房細動」の順に多いとされています。

　心室性期外収縮とは心室から起こる期外収縮です。規則的な心拍が過敏な心臓内中枢の早期の興奮により乱される状態です。これは基礎疾患がなく、1分間に起こる回数が少なく、期外収縮が連続して発生しなければ放置でいいですが、心筋梗塞、特発性心筋症、QT延長症候群などの基礎疾患による場合は治療が必要です。

　洞頻脈は、心房興奮頻度が毎分100以上の洞リズムです。心房興奮頻度は、正確には心電図で1分間に現れるP波の個数により決まりますが、通常心房と心室の興奮の頻度は同じことから脈拍数で代用されます。つまり、洞頻脈は心拍数100以上を言います。

　心房細動では心房興奮頻度は350〜600/分に増加します。心室が十分に拡張し収縮できないため、心拍出量が低下します。心室性期外収縮と同様に脈拍の欠損も観察されます。さらに、心房内血栓の形成により動脈塞栓（脳塞栓）を引き起こすことがあります。心房細動は、脳動脈を閉塞して生じる脳梗塞の危険因子です。

　このように、性別や年齢により想定される不整脈の種類やリスクが大きく異なるため、お客さまには病名を正しく告知していただくことが重要です。近年、カテーテルアブレーションなる医療技術が開発され、不整脈の治療に役立っているようです。

2．質問しお客さまの回答を記録する

●お客さまが告知書にどう記入したのかを把握する

　お客さまから申込書と告知書を預かったとき、注意してほしいことが3つあります。まず、はじめに「その申込内容は正確であるかどうか」。次に「記載内容は明瞭であるかどうか」。そして最後は「漏れや不足のない完全なものかどうか」です。

　つまり、「①正確、②明瞭、③完全」の3つを備えているかどうかに注意を払ってほしいのです。

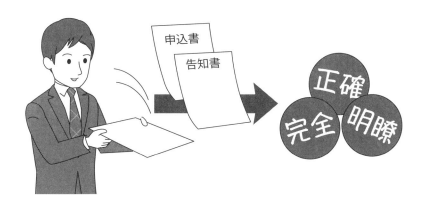

　「①正確」ということについていえば、お客さまの告知が正確なものとなるように、お客さまが告知書にどう記入したのかを把握してください。これは個人情報を盗み聞けとか、告知内容を改ざんしろということではありません。

　生命保険に詳しくないお客さまの告知内容を正確なものにするためには、募集人の皆さんの協力が必要だということなのです。

たとえば、非常によく似た3つの薬剤があります。「セレクサ(Celexa)」「セレビックス(Cerebyx)」「セレブレックス(Celebrex)」という薬です。ところがそれぞれの薬剤の適応はまったく異なります。セレクサは抗うつ薬、セレビックスは抗てんかん薬、セレブレックスは変形性関節症の薬です。

　告知書への記載でこれらの薬剤名を混同したときを想像してみてください。お客さまが薬剤名を書き間違えたら「間違っていますよ」と教えてあげるだけで、その後の結果はまったく違うものになります。
　だからといって、皆さんが薬剤名を覚える必要などありません。お客さまとて正確な薬剤名を覚えているはずがないのですから、「どれどれ、どんな薬なのですか？」とパッケージをお客さまと一緒に確認するだけで事は足りるのです。

●告知内容はわかりやすく明瞭に記述
　次の「②明瞭」ですが、お客さまの告知内容が、そのお客さまと面識のない担当査定者が読んでわかるものであるよう、アドバイスしてほしいのです。

　これは何も読みやすい上手な字を書くように指導しろというわけではありません。今の査定現場ではコンピュータ査定を利用することが多いのですが、被保険者の症状その他の詳細事項の記載は、成立遅延を避けるため、完全に明瞭でなければなりません。

　実際に、お客さまが「6ヵ月前にひどいインフルエンザにかかり、めまいがした」と答えたにもかかわらず、告知書に「めまい　6ヵ

月前」とだけしか書かれていなければ、査定者はめまいの原因を知るために、本来なら不必要で時間のかかる主治医診断書の取寄せを要求するかもしれません。

●告知書の文章を完成させるサポートを

最後の「③完全」ですが、お客さまの告知書への記入の際、よく言われる「5W1H」が欠けていたとすれば、それを埋めるお手伝いをしてほしいということです。これについてもお客さまの告知書の質問への回答を編集しろということではありません。

たとえば、前述の申込者が「6ヵ月前にめまい」を感じたといったのであれば、皆さんはその原因が何であると主治医が言ったのかを聞くことになると思います。そうなったとき、お客さまに、**症状だけでなく、その原因疾患名も告知書に追記してもらうようにサポートしてほしい**のです。

この助言が、新契約査定者を助け主治医診断書の取寄せを回避することにつながります。もし皆さんのお客さまが「6ヵ月前に1度ひどいインフルエンザにかかりめまいもしたが、それが治ったら、めまいも起こらなくなった」と話したのであれば、これらの詳細も含めて告知書に書いてもらいましょう。

各保険会社は、自社の死亡率経験、罹患率経験、募集環境、自社保険商品のラインアップ、コスト戦略などに基づいて、主治医診断書その他の必要書類を取り寄せることについてガイドラインを設けており、闇雲に多くの書類を取り寄せる指示をしているわけではありません。

そのため、前記の「正確、明瞭、完全」を募集人の皆さんが意識することは、保険会社の経営上有益なことばかりではなく、保険契約の成立をスピードアップさせ、募集人の皆さまの利益にもつながるのではないでしょうか。

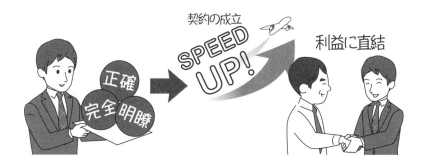

3．被保険者候補の病歴をキャッチする

●情報収集の段階が1次選択の時期

　告知書には一連の質問があります。その一部は身体の器官系と関連する病気に焦点を絞った質問であり、その他の質問は、直近の受診や喫煙に関する特定の質問です。

　従来から告知書の質問事項に対する回答は、被保険者自身または診査医が記入することになっています。昨今の告知書扱の死亡保険金限度額の上昇により、被保険者自身が告知書を書く機会が増え、保険募集人の関与が重要となってきました。つまり募集人の皆さんは、お客さまの病歴聴取者となったのです。

　お客さまの身体上の危険を見いだすための時期は、申込書と告知書を書いていただく段階と考えている人が多いと思います。しかし、もっと前の段階の、お客さまの情報を収集するための面接の段階が望ましいところです。この時期が本当の1次選択の期間であるべきです。

　病歴聴取者としての能力は、保険会社の死亡率経験、罹患率経験の結果、ひいては利益にも影響します。また、保険募集人としての自身のキャリアにも影響を与えます。**告知書に記載された回答内容が、告知義務違反となり支払時にトラブルとなってしまえば、募集担当者である皆さんが責を問われる可能性もあるはずです。**

　お客さまの情報収集の段階から1次選択をすることができるので

あれば、事前に病歴聴取を行うことができるということですから、それにより得られた事実は、保険種類、保険金額などをお客さまへ提案するときのガイドともなります。

　また、引受査定上の問題も事前に査定者へ相談することができ、場合によっては特別条件による保険料アップ等のことを含めた設計の検討も可能です。告知書を理解している保険募集人は、お客さまの事実収集の面接段階から危険選択を実施しています。

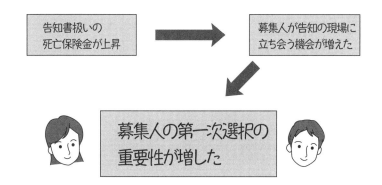

4．引受査定における臨床検査

●血液検査の結果は健康診断や人間ドックで入手

　被保険者の血液、尿と唾液の検体に実施される臨床検査は、数十年前から危険選択手段として利用されてきました。血液検査が保険診査に導入されるようになったのは1980年代です。これには2つの理由があります。

　ひとつは、エイズ（AIDS）の流行が死亡率と罹患率に大打撃を与えるのではないかという懸念が起きたことです。当時HIVウイルス感染を知る唯一の方法は血液検査でした。
　もうひとつの理由は、従来と比較したときの費用対効果です。公表されている予防効果試験により、血液検査が他の医学検査よりも有用であるということがわかっています。
　また心電図検査や胸部X線検査よりも時間がかからず容易です。結核の罹患率が減った現在では、生命保険の加入時診査で胸部X線検査は実施されていません。

　さらに、従来からあった健康管理証明書扱いに加えて、近年では健康診断結果通知書扱いや人間ドック成績表扱いなどが一般的となり、血液検査結果をより安価に容易に入手できるようになったことも、大きな理由のひとつです。

　生命保険の加入時診査では、診査医による血圧測定と尿検査が行われています。尿検査は試験紙法で行われます。つまり紙コップに採取した尿に尿試験紙を浸して検査します。一部の保険会社では、

尿沈渣（にょうちんさ）を調べるために尿検体を臨床検査機関へ送る対応をしています。

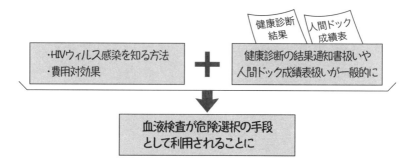

● お客さまへの助言が営業成績につながる

　一般診査に加えて実施される心電図検査や血液検査が引受査定プロセスの一部になりましたが、これが実施されるのは次の3つの状況下です。

・被保険者の年齢と申込保険金額が一定以上の場合
・引受査定者の指示による場合
・血圧や尿の再検査など過去の診査情報や給付金支払履歴等により再検査が必要と判断される場合

　保険募集人である皆さんは、血液検査などが無事に完了するよう、お客さまの予定を調整する責任があります。調整次第では、血液検査の結果に大きな違いが出てきます。お客さまの体調や時間帯次第では、検査結果は良くなったり、悪くなったりします。
　そして、採血されるお客さまに次のような助言をしたらどうでしょうか。

PART5 ■お客さまへの質問と診査の受け方

・診査前2時間以内の飲食を避けましょう。さらに言うと、一袋のチョコチップ・クッキーなどを食べないこと。
・採血を受ける日やその前日に激しい運動をしないようお客さまへ伝えましょう。激しい運動は血液検査結果に影響を与えます。ときに肝機能検査やPSA検査の結果に影響し、不都合な査定結果をもたらす可能性があります。
・お客さまが、発熱や急性感染症に罹患しているとき、事故その他の身体的傷害を受けた直後、あるいは退院後数日以内のときには、血液検査を避けるべきです。

　これらの助言が、皆さんの営業成績の引上げに貢献するはずです。本書をお読みいただいた募集人の皆さま全員の優績を心より願っております。

● 巻末レッスン ●

薬剤名の告知について

●お薬手帳のシールから薬剤名を写してもらう

　告知書に記載する薬剤名も重要です。お客さまに正確に薬剤名を書いてもらいましょう。たとえば「お薬手帳」に貼られているシールから、薬剤名を正確に写してもらいます。一字でも間違えると、別の薬になることがあります。また、お客さまが告知した治療中の疾患に適応のある処方薬剤名であることが必要です。というのも、薬剤名に対応する疾患名の告知がないと、別の疾患も治療しているのではないかと引受査定者に勘ぐられるからです。

　ここでは、高血圧治療と降圧剤を例にあげて話を進めましょう。「高血圧治療ガイドライン2014（JSH2014）」では、「高血圧治療の目的は、高血圧の持続によってもたらされる心血管病の発症、進展、再発を抑制し、死亡を減少させることである」と高血圧治療の目的を定義しています。つまり、治療の目的は高い血圧を下げることにより心臓と血管を守ることです。

●まずは生活習慣の修正をこころがけることから

　高血圧の治療は、まず減塩、減量、節酒、禁煙、運動励行など生活習慣を修正することが重要です。効果が不十分なら降圧薬治療を考慮します。高血圧の予防のためには、「健常人においても適正な生活習慣を身につけるべきである」（JSH2014）ことが必要とされ

ています。肥満により高血圧となった人は、食塩摂取量の制限、減量、運動療法、アルコール摂取量の制限などにより、体重を減らすことだけで血圧値を下げることができます。

血圧には、「血圧＝心拍出量×末梢血管抵抗」という関係式があります。よって、血管を拡張して末梢血管抵抗を低下させるか、心機能や循環血液量を落として心拍出量を減らすことが降圧につながります。

降圧薬には、循環血液量を減らす利尿薬（サイアザイド、フロセミド、スピノロラクトン）、心筋の収縮力を下げるβブロッカー（プロプラノロール）、血管拡張作用のあるCa拮抗薬（アテレック、アムロジン、ノルバスク、アダラート、バロテイン、ニフェジピン）、アンギオテンシン変換酵素の作用を妨害するACE阻害薬（タナトリル、レニベース、レリート、カプトプリル）、アンギオテンシンⅡ受容体に拮抗するARB（ブロプレス、ニューロタン、ディオバン）があります。

●高血圧治療の降圧薬の服用は一生涯続く

さて、高血圧治療の第一次選択薬の主流は、ARB、ACE阻害薬とCa拮抗薬です。Ⅰ度高血圧に分類される軽症高血圧症なら、いずれかの1剤を服用するか、これに少量の利尿剤を併用するのが一般的です。最近では、ARBやACE阻害薬と利尿剤との合剤が開発され処方されています。前述の高血圧治療ガイドラインによると、降圧剤の併用療法において推奨する2剤の組合せとして、次のものがあげられています。

・Ca拮抗薬とARB/ACE阻害薬
・Ca拮抗薬と利尿剤
・ARB/ACE阻害薬と利尿剤

　一般的には、高血圧治療のための降圧薬の服用は一生涯続くと考えられています。したがって、**生命保険等に加入する際には、もし体重の減量により血圧が下がり降圧薬の服用を中止したのなら、その理由や経緯を詳細に告知してください。**そうでないと、お客さまが勝手に服薬治療を中断したと判断されてしまうことが多いからです。また、降圧薬を減量もしくは中止すると、通常6ヵ月以内に血圧が高血圧水準まで再上昇することが多いとも言われています。直近の血圧値が、基準範囲内にあり安定していることを示す必要があります。

●降圧薬は1日1回の投与で低用量から開始する

　さて、降圧薬治療の開始時期は、血圧水準、心臓血管系の危険因子の有無、高血圧に起因する臓器障害の有無などを考慮して総合的に主治医が判断します。**降圧薬の使用上の原則は1日1回投与の薬物で、低用量から開始します。**降圧薬投与開始後は、降圧目標を達成できるように薬剤の種類や用量を加減していきますが、目標達成率は降圧薬服用者の半分程度との報告があります。

　新契約の引受査定において、降圧薬の服薬治療開始から間もないお客さまの生命保険を引き受けないのは、血圧のコントロールが定常状態となっていない可能性を危惧しているからです。降圧薬の服薬開始後1～2年経過し、日常の血圧水準が安定してから生命保険加入を申し込むのがよいでしょう。

実際には、生活様式の改善で血圧が下がることはまれで、高血圧患者の多くは薬物治療が必要です。高血圧に関する臨床試験のメタ解析によると、収縮期血圧10～20mmHg、拡張期血圧5～10mmHgの低下により相対リスクは、脳卒中で30～40％、虚血性心疾患で15～20％それぞれ減少することが明らかにされています。この事実からしても、**降圧薬を服用して血圧水準をしっかりとコントロールしている高血圧患者のお客さまのほうが、高血圧の治療をしていない人よりも死亡リスクが少ない**のが明白でしょう。

●血圧水準が安定的にコントロールされていれば加入可

新契約の告知書を見ていると、高血圧治療中の告知をされるお客さまが服用している降圧薬のほとんどが、ARB、ACE阻害薬とCa拮抗薬の3剤のいずれかです。40歳代後半くらいから降圧薬の服薬を開始し、いずれか1剤を毎朝1回服用して、最近の血圧水準（140/90mmHg未満）が安定的にコントロールされているなら、生命保険は無条件から軽度条件付で加入できるでしょう。臓器障害（脳血管障害、心疾患、腎疾患、血管疾患）などがないことも重要です。定期健康診断の結果や人間ドックの成績表などでこれを証明すると、医療保険も引き受ける保険会社もあります。

保険会社の新契約査定者にとって、高血圧治療のための降圧薬剤名は有用な情報です。それゆえ、**可能な限り高血圧治療中のお客さまには、服薬している薬剤の名前と用量（mg）も告知書に記入して**もらうようにしましょう。降圧薬と同時に、抗血小板薬、脂質降下薬、胃薬、睡眠薬または精神安定剤などが同時に処方されることがあります。これらの併用薬の処方目的も告知書に記載しておくとよいでしょう。

被保険者が飲んでいる薬剤は、おそらく「お薬手帳」に記載されているのではないでしょうか。お薬手帳は、薬の服用履歴や、既往症、アレルギーなど、医療関係者に必要な情報を記載する手帳です。その他では、次のようなサイトが参考になります。

「お薬110番 http://www.jah.ne.jp/~kako/」

●著者略歴●

牧野 安博

Yasuhiro Makino, M.D., MBA
株式会社ASSUME代表取締役

1960年生まれ。
国立浜松医科大学医学部を卒業後、1989年に日本生命保険相互会社へ入社。武蔵野支社、水戸支社、小山支社、春日部支社、高松支社、徳島支社の支社医長を歴任。
1998年同社契約審査部査定医長就任。
2004年に神戸大学大学院経営学研究科にてMBA取得。
2008年に株式会社査定コンサルティング取締役に就任。
2008年に株式会社ASSUMEを設立し代表取締役に就任、現在に至る。

査定医が教える
上手な告知書の書き方・診査の受け方

平成28年5月26日　初版発行

著　者　―――――牧野安博
発行者　―――――福地　健
発　行　―――――株式会社近代セールス社
　　　　　　　　〒164-8640　東京都中野区中央1-13-9
　　　　　　　　電　話　03-3366-5701
　　　　　　　　FAX　03-3366-2706
印刷・製本―――――三松堂株式会社
イラスト・デザイン―Rococo Creative／樋口たまみ

ⓒ2016 Yasuhiro Makino
本書の一部あるいは全部を無断で複写・複製あるいは転載することは、法律で定められた場合を除き著作権の侵害になります。

ISBN978-4-7650-2035-0